推銷台灣

Taiwan's Informal Diplomacy and Propaganda

任格雷（Dr. Gary Rawnsley）◎著

蔡明燁◎譯

「NEO系列叢書」總序

Novelty 新奇・Explore 探索・Onward 前進

Network 網路・Excellence 卓越・Outbreak 突破

世紀末，是一襲華麗？還是一款頹廢？

千禧年，是歷史之終結？還是時間的開端？

誰會是最後一人？大未來在哪裡？

複製人成為可能，虛擬逐漸替代真實；後冷戰時期，世界權力不斷地解構與重組；歐元整合、索羅斯旋風、東南亞經濟危機，全球投資人隨著一波又一波的經濟浪潮而震盪不已；媒體解放，網路串聯，地球村的幻夢指日可待；資訊爆炸，知識壟斷不再，人力資源重新分配……

地球每天自轉三百六十度，人類的未來每天卻有七百二十度的改變，在這樣的年代，揚智「NEO系列叢書」，要帶領您——

整理過去・掌握當下・迎向未來

全方位！新觀念！跨領域！

Taiwan

胡序

　　讀完任格雷博士（Dr. Gary Rawnsley）的這一本著作，心中感慨萬千。任格雷博士是一位學者，沒有參與過我們的國際文宣工作，卻徹底地看穿了中華民國在國際上自我宣傳的難處。的確，因為缺乏正式的外交關係，我們在「推銷台灣」時，經常受到層層束縛，尤其是中共無孔不入的打壓，以及幾十年以來國際媒體對我們的若干偏見，再加上我們自己人力與物力的貧瘠，所以政府的國際文宣工作總是感覺事倍功半。往往只有聳動的新聞發生時，媒體才會對台灣感興趣！

　　不過也正因為如此，我們更要常常想辦法創造自己的新聞議題，任博士在書中亦明白地稱許中華民國所從事的國際文宣工作，經常極富創新風格與實質內涵。可是，任博士也指出我們的官員，無論是外交部或是新聞局，對所謂「政治宣傳」多少都有點偏見，甚至予以排斥，因此反而使他們的工作績效打了折扣。最後，任博士很中肯的建議我國外交官或是新聞局駐外官員，都應該進一步接受媒體訓練，以加強與國際媒體互動的技巧，擴大國際宣傳的功效。

　　我很瞭解並深切感受任博士的觀點，外交與國際宣傳都是非常具有挑戰性的工作，兩者之間的關係更是密切；可是

Taiwan

不論在國內或是外國，外交部與新聞局就這項重要工作的溝通與協調，實在非常欠缺！任博士說的不錯，我們在為中華民國推動國際宣傳的時候，不論是政府機構的分工、宣傳時的心態與傳播言語的技巧等，在在有必要作更嚴謹的規劃與更嚴格的訓練。有效的政治宣傳需要配合長、中、短程的政治目的，推動外交工作更不能忽視宣傳的重要。這就是我以前在外交部長任內，強調務實外交一定要做到「三位一體」，也就是「外交、經貿與宣傳」並重的原因。

　　中華民國早已從 "No News is Good News" 的保守時代，進到 "All News must be Good News" 的積極時代，這是目前國際文宣工作的基本原則。當然，我們更要瞭解，新聞工作也不是政府的「化妝師」！我從不認為新聞局的工作是「化妝師」，因為任何的宣傳工作必須從「真實」出發，再精美的包裝也不能改變包裝內實質的內容。同理，即使是一流的推銷員，行銷能力再強，一定需要本身的產品優秀，經得起考驗，才能創造佳績。以前我在新聞局服務的時候，更是堅決主張宣傳工作絕不能脫離「真理」與「事實」。只有堅持「真理」與「事實」，才不會有所謂「政治宣傳」的顧忌，文宣工作才會有真正的效益！

胡志強

於台中市

林序

　　在國際關係的領域中，宣傳是一項很實際的課題，實務工作者要明白訊息如何傳達，國家如何去爭取友人和化解對手可能放出的錯誤訊息。理論工作者花很多的時間去瞭解心理因素對於決策者的影響，以及決策者如何解釋他所接收到的訊息。這兩項工作本來就是相輔相成，主要目的在讓我們能夠更明白宣傳在國際關係的重要性以及用什麼方法可以把宣傳作得更好。

　　中華民國在過去五十多年以來，外交的處境一直很艱難，其中最主要的問題是中共的打壓。我們要如何爭取國際友人的支持是一項長期的持續性工作。這項工作除了要正確的反應發生在台灣的種種變化之外，更要讓國際友人瞭解背景因素及可能的影響。在這個過程之中，我們需要注意到宣傳的技巧、內容、時間，以及可能運用的工具。有些時候，宣傳的技巧恰到好處，可以做到事半功倍，有些時候卻可能適得其反，這些都要看宣傳者如何判斷和選擇。

　　任格雷博士的《推銷台灣》是一本兼具理論和實務的入門書籍。作者詳細介紹了宣傳的意涵，說明中華民國國際宣

Taiwan

傳的歷史，然後就台灣所推出的國際宣傳活動作有系統的分析，讓我們很快的可以綜覽台灣在國際宣傳方面所做的各項努力。作者除了介紹台灣的國際宣傳之外，也分析了中華民國的世界觀、外交，以及在國際社會展現的靈活適應力。這本書可以說兼顧了外交、宣傳，以及政治發展等重要問題的討論。

　　對於研究亞洲問題，或者是國際政治問題的人來說，這是一本很有用的書，對於有意從事國際宣傳或外交的專業人士而言，這更是一本隨時可以參考的書。我們可以從中得到許多資訊，也可以得到啓發，本人很樂意推薦給國內外的讀者。

國立政治大學教授

林碧炤

於國立政治大學

V

李序

　　世界渾沌，真相難明。我不相信假話講百遍就變真理。但孰真孰假，畢竟不是黑白分明，更非固定不變，真相是社會建構的產物，當然牽涉到種種複雜甚至矛盾的觀點與角度，因此國際傳播就呈現各國不同的視野和解釋了。世界上多數的人與事恐怕都介於是是非非與真真假假之間，就看時空和環境怎麼變化罷了。

　　國際政治有一部分是認同（identity）政治，國際傳播有一部分也是針對於認同的鬥爭。國際傳播的秩序本來就是充滿強權的聲音，焦距對準了中心國家的利益和意識架構，邊陲國家只能在旁邊嗡嗡叫。國際政治儘管由強權所控制，但是如果沒有個別國家的支持，必然無法建立一個穩定的秩序。在充滿變數的國際政治格局，各國政府便成為國家利益最有力的闡釋者，對外宣傳多半是跟著外交政策走的。即令美國主流媒介批評總統的外交政策，也都偏向政策的執行，幾乎從不質疑美國國際利益的基本假設。當然，話說回來，愈開放的社會所釋放的信息也愈有說服力。

　　這五十年來，台灣在國際政治秩序中處於邊陲的地位，

Taiwan

既然要看強權的臉色，卻隨時可以牽動美國與中國大陸之間
的神經線；台灣在國際經濟秩序中扮演半邊陲的角色，生活
日益改善，卻必須長期大幅依賴美國（以及愈來愈依賴中國
大陸）的市場。台灣始終在詭譎矛盾無情的國際夾縫中求生
存，掙得這點發展的空間，不啻是一個艱苦奮鬥的動人故
事。如今，跟著任格雷博士這本書回顧過去半個世紀《推銷
台灣》的篇章，對於一幕幕酸甜苦辣的經驗，我們這一代人
相信都有驚心動魄的餘悸。

　　台灣的國際宣傳一向機構層級偏低，知其不可為而為
之，甚至虛應故事。弱國本無外交，何況戒嚴時期台灣是世
界上的民主笑柄，幾乎沒有什麼傲人的東西可以「推銷」。
後來隨著國際大氣候的變化和中美關係的逆轉，台灣在風雨
飄搖中好不容易走出一條道路。目前民主轉型和經濟成長儘
管遍地荊棘，但勢頭還是好的，我們住在海外的人可以感受
到國際輿論對台灣是愈來愈褒多於貶。以前只要台灣新聞出
現西方媒介，很少有好話說，現在倒是到處可以看到善意。
這個契機彌足珍貴，值得因勢利導，否則機會跑掉了追不回
來。許多國家的國際形象上上下下，變來變去，台灣應該引
以借鏡。

　　在這個關頭閱讀任格雷博士的著作，溫故知新，相信頗
具新意。他從歷史的眼光分析台灣國際宣傳的脈絡，資料豐

富，立論中肯，誠是我僅知對這個問題的學術研究。他勸台
灣的國際宣傳不要有失敗主義的想法，各級駐外單位的官員
必須有國際宣傳的訓練。說得對。以美國爲例，一般人多半
不關心國際事務，國際宣傳主要還是針對意見領袖，其關鍵
在於瞭解並訴諸美國的基本價值（民主、人權、負責的資本
主義），這樣意見領袖的論述會潛移默化，逐漸影響到一般
輿論和民意。這本書不但有學術意義，也有政策上的價值，
值得推薦給台灣朝野人士。

美國明尼蘇達大學教授 李金銓

於美國明尼蘇達

作者謝誌

　　在研究撰寫本書的期間，我很榮幸得與許多舊識重新交誼，他們都和我一樣，對政治宣傳及外交間愈益密切的關係感到癡迷，從而不斷提高了我對台灣的濃厚興趣，同時在私人情分及專業工作上，我也結交了許多珍貴的新友人。書頁間所記載的內容，來自為數可觀的會議、訪問及討論，與世界各地代表中華民國的個人及團體，或者是媒體、學界、海外華人社區的通信和接觸。因此我在這裡必須特別指出，除了少數特殊的新聞事件，例如，中華民國第一顆商業衛星ST-1在一九九八年八月升空的消息，以及辜汪會談於一九九八年十月復會的報導之外，本書研究資料的截止日期只到一九九八年七月三十一日止。

　　我想對下列人士的善意協助致上謝忱：傑夫‧貝里區（Geoff Berridge）有勇氣再次對我的新作表達支持，他的專長和遠見也如往常般使我受益良多；麥克米倫出版社（Macmillan）的提姆‧法米洛（Tim Farmiloe），首先對我的原始構想有了善意回應；撰寫本書期間適逢我舊疾復發，保羅‧黑伍德（Paul Heywood）以及諾丁罕大學政治學院的所

有同仁們，都慷慨向我提供亟需的精神鼓勵和智識支援；理查·奧德瑞區（Richard Aldrich）所付出的長期友誼值得我由衷感激，畢竟能和關心領域相近的同事互助切磋，真是人生一大樂事！同時，我當然也要為菲立普·泰勒（Philip Taylor）在政治宣傳方面淵博的涵養而向他致謝。

此外，我須對下列（沒有特定順序）為我提供訊息、指教及寶貴工作心得的人士表達感激之情：前中國廣播公司董事長李祖源先生，以及該公司前海外部副理董育群先生，沒有他們的協助，本書媒體的章節便無法完整；前駐法代表處新聞組主任田永康先生；前駐英代表處新聞組主任陳建勝先生（是一位使我覺得到倫敦奔波備感值得的好友），接任他職位的蔡仲禮先生，以及曾在該代表處服務的楊唎眞小姐；保羅尼茲高等國際研究學院（Paul H. Nitze School of Advanced International Studies）的羅爾夫·克勞福教授（Professor Ralph Clough）；英國廣播協會書面資料中心（BBC Written Archives Centre）的賈克琳·卡瓦娜（Jacqueline Kavanagh）及其工作同仁對我的再次關照；前《自由中國紀事報》（*Free China Journal*，現已改名為*Taipei Journal*）的盛逸琴小姐；前駐英大使簡又新博士及代表處的一等秘書陳亮月先生（現已退休），帶我去品嚐了我所吃過最美味的麵條；英國第四頻道新聞（Channel Four News）編

輯莎菈・奈森（Sara Nathan）；馬拉威代表處新聞參事處一
等新聞秘書鄭元慶先生；前加拿大經濟文化代表處新聞組張
秀實組長；美國羅德學院（Rhodes College）的約翰・考柏教
授（Professor John F. Copper）；駐南非共和國台北聯絡代表
處新聞組陳天爵組長；歐洲台灣協會聯合會（Federation of
Taiwanese Association in Europe）的李勳墉先生；前《英文自
由中國評論月刊》（*Free China Review*，現已改名為*Taipei
Review*）資深編輯魏理庭先生（Richard R. Vuylsteke）；於中
廣新聞部工作而惠我良多，同時也一直是好朋友的陳瓊稻小
姐；新加坡的林・潘（Lynn Pan）和里茲（Leeds）的葛雷格
爾・班頓（Gregor Benton），增進我對海外華人的認識；前新
聞局資料編譯處李紹華處長，以及曾在陸委會聯絡處任職的
張樹棣先生，都提供了我珍貴的影印資料；駐紐約辦事處新
聞組主任余玉照博士及其心思縝密的工作同仁；蔡麗娟博士
對我知無不言，言無不盡；吳迪安（Ellen Dionne Wu）小姐
同意我引用她檢討台灣「愛之船」青少年夏令營的一篇研究
報告；美國哥倫比亞大學（Columbia University）布特勒圖書
館（Butler Library）稀有書籍及手稿典藏室（Rare Book and
Manuscript Collection）的館員們；威廉・包威爾（William
Powell）夫婦對我們的熱忱款待；菲利普・古德哈特爵士
（Sir Philip Goodhart）；湯姆・寇克斯（Tom Cox）；劉定一

博士不厭其煩地回答我的問題，使我在傳真機旁的慣常守候變得有如過聖誕節的感覺！最後我也必須感謝在美中國研究協會（American Association of Chinese Studies）第四十屆年會的所有與會者，感謝他們對此研究的各種回饋。

我自一九九四年以來，在諾丁罕開了幾門有關大眾媒體及「戰爭與政治」的課程，自一九九六年以來又加開了「率先陣亡者」（First Casualty）一門新課。在此我想向所有選修過這些課程的學生們致謝，畢竟所謂教學相長，他們使教授有關政治宣傳的理論及操作變成了有趣且充滿挑戰的冒險，同時他們也在許多方面影響了我的想法，其範圍之廣可能超出他們的想像。對於我所曾經教導及接觸過的台灣學子，我也想向他們表達類似的心情，感謝他們所帶給我的樂趣及成長。

沒有我父母親——傑克與雪莉‧任思理（Jack and Shirley Rawnsley）恆常的關愛與支持，我不可能有今天的成就。但我最後的謝忱卻必須歸予我的太太明燁——她是第一個將台灣介紹給我的人，也比任何其他人都教導了我更多關於那個美好國度的事情。身兼我的研究助理、翻譯、校稿、智識上的挑戰者、旅途伴侶、知交和賢妻等數職——這本書必須奉獻給她。

任格雷

（Dr. Gary Rawnsley）

於英國諾丁罕

譯者序

　　這本書的翻譯，可以說得上是一個重要的里程碑：就較大的層面來看，本書英文原版問世時，台灣仍是國民黨執政的時代，但在翻譯過程中，台灣卻已舉行過第二次總統直選，而且選舉結果出人意表，顯示了台灣民主的進程，比多數人所預估的都更加成熟穩健，同時台灣人民顯然也比世人所想像的更具有勇氣！套用郭正亮教授的話，也就是：

> 一九四九年，共產黨打敗了國民黨，中國站起來了。
> 二〇〇〇年，民進黨打敗了國民黨，台灣站起來了。
> 站起來了，意謂著人心不死，意謂著要求尊嚴，意謂著追求希望。
> 站起來了，表示不願被人欺負，不願苟延殘喘，不願卑躬屈膝。站起來了，表示拒絕接受威脅，拒絕臣服命運，拒絕外來壓迫。[1]

　　因此為了使這本譯作在問世時，能夠跟得上如此巨大的政壇變遷，也就不得不在翻譯過程中，要求作者本人增補一些新的資料和詮釋，以便為新政府提出肯切並符合時代的建

言，因此這本譯作並非簡單的「翻譯本」而已，而是比原著更加完整的「增訂版」，應該算得上是本書頗為難得的一項特色吧？

　　就私人的角度來說，這本書也有兩層很重要的意義：首先，這是我第一次正式翻譯自己先生的作品。我和格雷因為興趣和所學都相近，合作進行了不少研究計畫，也共同撰寫過許多學術性的文章，所以雖然也曾以中文發表過我們部分的合作成果，但基於「共同研究者」的立場，這類中文稿的寫作往往僅是一種「改寫」的過程，甚至是全然的「原創」，任何「意見相左」的地方，都早在計畫進行階段就經過了充分的溝通和辯論，因此無論是「改寫」或「原創」，我都能夠暢所欲言，擁有很大的自主權。

　　然而「翻譯」的情況可就大不相同了！畢竟政治宣傳是格雷個人專擅的領域，這本書的研究和撰寫共耗費了他兩年的光陰才獨力完成，因此身為譯者，我現在必須扮演的角色是他的「喉舌」，而非他的另一個「大腦」，我的義務是忠實傳達出作者真正的思想，而不應隨便加入自己的意見，也因此剛開始動工時，兩個人固然都為這種新的合作方式而大感振奮，但心理壓力卻也都很大。所幸事實證明我們之間還是非常有默契的，不但許多預先設想過的最壞狀況都不曾發生，而且在格雷的細心指點下，我覺得自己無論在英文造詣

或學識上，都獲得了很大的啓發，這是我必須要向格雷致謝的。

至於私人意義的第二個層面，則是當這本書的翻譯進入最後階段時，我所敬愛的父親與世長辭了！我並無意在這裡詳述天人永隔的打擊和悲痛，但是面對親人的死亡，確實往往能使我們對生命有另一層體會。父親一生熱愛台灣愛進了骨髓，我想，雖然本書的中譯本來不及在他走之前問世，但或許本書所呈現出來對寶島的疼惜之情，將能使他在天之靈稍獲安慰，也能使他爲這本書的品質和深度而感到驕傲吧！

翻譯過程中，我面臨了許多原先意想不到的瓶頸，值得與讀者諸君及前輩們分享：我原以爲要翻譯一部有關台灣的作品，應該容易才是，孰料竟完全不是那麼一回事兒！如果您跟從前的我一樣，以爲將中文名詞翻譯成恰當的英文並不簡單，那麼您可能會跟我一樣驚訝地發現，其實要從英文譯名回歸到正確的中文原名，才眞的是困難重重！因此許多在書中提及的單位跟人名，我都盡力循作者原來的溝通管道往回追溯，務必向原來的訊息提供者或單位查證正確的中文名，以便「還原中文」，不過礙於人事變遷，有時候畢竟難以盡善盡美，這時我只好自己依常理推斷「另行翻譯」，並附上原書中所提供的英文譯名，以便力求接近原來的專有名詞，或至少讓讀者「有跡可尋」，但若仍有任何疏漏或錯

誤，尚請諸賢見諒且不吝指正。

此外，除了耳熟能詳的國名（如美國、英國、澳洲等），每個英文的專有名詞在全書正文中第一次出現時，我都附上了英文原文，以利讀者確認原義及查閱原始資料，但隨後除非是特殊情況，否則將只採用中譯，以避免全書處處中英文夾雜，讓讀者在閱讀上產生困擾。至於在字句的翻譯上，我力求忠於原著的精髓，唯當文法上的差異過巨，有使中文讀來過於拗口且涵義不明時，我便採取意譯的方式，而非逐字逐句地照翻。專有名詞的翻譯方面，我儘量採用國人所熟知的名詞，例如，把 "John" 翻成「約翰」，把 *The Times* 翻成《泰晤士報》等，儘管後者的正確譯法實應做《時報》解，但長久以來，《泰晤士報》早已成為國人耳熟能詳的譯詞，因此本書也決定從俗。比較例外的是對 "BBC" 的譯法，一般多譯為「英國廣播公司」，但因BBC的歷史演變和經營型態，稱為具有商業性質的「公司」，很容易誤導讀者，因此書中採取馮建三博士的譯法，以「英國廣播協會」稱之。又，李金銓教授為我糾正了許多譯名上的錯誤，除虛心受教之外，我只能誠懇地說謝謝。

最後讓我由衷感謝幾個人：胡志強博士、林碧炤教授，以及李金銓教授能在百忙之中同意為本書寫序，使本書大為增光！以胡博士曾任新聞局長、外交部長及駐英大使等職的

寶貴經歷，林教授在台海安全及國際關係方面的豐富學養，兼之以李教授在傳播學方面的研究心得，他們對《推銷台灣》的真知灼見當令讀者受益匪淺；前駐英大使鄭文華先生以及代表處業務組的李朝成組長，慷慨提供珍貴的照片資料，並細心查證出處，令我們萬分感激；田弘茂教授在擔任駐英大使期間，同意接受我們的訪問，使我們得以一窺他在外交部長任內的宏觀，我們深感榮幸。

此外，我們在諾丁罕有緣結識的青年才俊──蕭亞洲博士，不但幫我們解決了無數電腦方面的難題，也和蕭大嫂一起給予我們許多友情上的溫暖；中山大學政治學研究所的陳文俊所長及所裡的同仁們，使我們在高雄駐足的期間，充分享受到了工作的便利；陸委會、台北駐英代表處，以及外交部亞東太平洋司的工作人員，尤其是林中斌博士、蔡仲禮先生、李朝成先生與莊正安先生，對單位、人名乃至國名的確認出力甚多，其中特別值得一提的是，我和台北駐英代表處的電子郵件（e-mail）多次往返，而他們始終都能保持高度的服務效率及品質，更是令我動容；鄭昭紀院長夫婦和聖功醫院的諸位醫師，使格雷在台期間能夠免去各種醫療健康上的困擾；洪文魁老師對我們的關愛，我們銘感在心；我親愛的家人──特別是我的爸爸媽媽，蔡勝弘先生與石彩琴女士──是我生命的根，也是我不斷向上的動力；還有我所摯愛

的台灣，以及在島上不斷受到打壓，但仍堅強挺立、不畏強暴，努力開創國際生存空間的兩千三百萬同胞們——這本書是爲了這塊美麗的土地而作。

蔡明燁

於英國諾丁罕

註釋

1. 郭光亮著，《變天與挑戰》（台北：天下文化，2000年）代序頁
   六。

目錄

前言

Taipei

Taiwan

本章摘要

* 政治宣傳（*propaganda*）是什麼？爲什麼中華民國在台灣發現有從事非官方外交及政治宣傳的必要？

* 一個國家如何充分運用資源和其他國家溝通，並且投射出一個有關自己的鮮明形象，不僅是一個引人入勝的研究課題，同時在國際危機期間，更是重要無比！那麼每個國家在日常運作的外交策略中，究竟是如何運用傳播技巧的呢？

* 現代世界所謂的外交，是否早已演變成經過包裝的公共關係而已？如果是的話，我們應該爲此感到憂慮嗎？事實上，政治宣傳並非外交的一環，而且政治宣傳也不會只因爲外交官的從事，就突然變成是外交，但如果一個國家的對外單位能夠善加運用政治宣傳的話，卻很可能可以增強他的外交效能。

* 本書各章的內容及安排。

駐外大使，便是被派到國外去爲國家利益而說謊的老實人。

——亨利・沃頓爵士（Sir Henry Wotton）

十七世紀英國駐外使節

如果更多人知道如何愼言的話，外交的藝術就會變得難如登天了。

——加略特・馬丁里（Garrett Mattingly）[1]

　　探索中華民國在台灣[2]的國際關係，一方面固然爲學者們帶來各種研究契機，但另一方面卻也製造了不少困擾，許多人會在名詞及術語上細心鑽研，有些人則對概念、定義，甚至合法性的問題更感關切。到底中華民國是一個政府？國家？民族？還是中國的一省呢？從國際承認、合法性，乃至中華民國參與國際社會的道德性之中，我們究竟能夠學到什麼？那些爲了取悅中華人民共和國而否定中華民國的政府，是採取了理性、負責，還是違反常規的行爲模式？

　　討論過程中，上述問題都將自然浮現，但它們僅是本書在抽絲剝繭直指問題核心之前，具有標竿性質的思考而已。本書眞正想要探討的主旨，在於像台灣這樣受到國際社會排擠的政權，因無法獲得國際承認的合法性地位，使得和他國建立正式外交關係的機會受到剝削，在這樣的情況下，他們應該如何推銷外交政策？今天所謂的外交，是否早已演變成

經過包裝的公共關係而已？如果是的話，我們應該為此感到憂慮嗎？簡言之，為什麼中華民國發現有政治宣傳的必要？這些政宣活動是如何籌劃的？更重要的是，他們又怎樣增強了中華民國的外交效能呢？

我們必須瞭解，「政治宣傳」只是為了達到某種目的的「手段」之一。做為一種「概念」，政治宣傳本身並不具有道德判斷的標準，正如歷史一再向我們證明的，政治人物可以利用政治宣傳來服務其具有正面或負面影響的政治利益[3]。拉索威爾（Harold Lasswell）稱政治宣傳純粹是一種工具，並「不比加油器更道德或更不道德」[4]；發明了收音機的理想家馬柯尼（Guglielmo Marconi）也曾說過：「人與人間的溝通大幅受到空間的阻撓，而思想，無疑是對抗誤解和嫉妒的最佳武器，如果我的基本發明能夠在避免戰爭的邪惡上有些貢獻，我這一生就算沒有白費了。」[5]由此可見，顯然是政治宣傳的「意圖」，才會形成道德判斷的問題，正如肯尼茲（Peter Kenez）所指出的：

> （政治宣傳）只不過是傳送社會與政治價值，以期影響人們思想、情緒乃至行為的企圖而已，而企圖影響他人本身，並沒有值得非議之處。當人們認為自己反對政治宣傳時，真正所反對的通常都是目的或方法。……埋怨政治宣傳並沒有用，因為它是現代世界不可

分割的一環。[6]

　　本書分享了渦珀爾〔Gregg Wolper〕在〈威爾森式公共外交〉〔Wilsonian Public Diplomacy〕一文中所提出的觀念，亦即政治宣傳「仍是最好用的一個語彙，只要讀者們能夠瞭解，這個語彙本身並不指涉著對不實手段或虛偽資訊的採用，雖然也不一定就排除了這些手段」。[7]

　　有關「戰爭」的政治宣傳，歷來已有極為詳盡的記載[8]，但「和平」期間的政治宣傳可就不那麼容易辨識了！因為此類政治宣傳一向不是顯而易見，而且很少有人願意承認經常從事此一活動，於是政治宣傳和戰爭、具有破壞性及暗中進行之對外政策〔foreign policy〕的聯想，轉移了一般對於政治宣傳所可發揮之實用效能的注意力。事實上，一個國家如何充分運用資源和其他國家溝通，並且投射出一個有關自己的鮮明形象，不僅是一個引人入勝的研究課題，同時在國際危機期間，更是重要無比！那麼每個國家在日常運作的外交策略中，究竟是如何運用傳播技巧的呢？直到近年來，我們才開始以理性的角度探討這個問題：一九九一年的反伊拉克〔Iraq〕戰爭，引爆了學界研究外交官及政府如何運用媒體來服務其利益的一股熱潮。全球性媒體的形成，使國際事件能夠獲得立即式的報導，以及立即但卻往往不夠完整的分析與詮釋，於是此一發展的後果，使得全面瞭解傳播的現代型式

產生了一種迫切性，而同樣重要的是，我們也必須瞭解跨國訊息的流通，是怎樣對國家的行爲，以及他們對己對人所具有的認同上，造成了深遠但通常卻是負面的影響。

在此我們須對漢斯‧莫根梭（Hans J. Morgenthau）有關外交的定義加以注意，他說外交是「以和平方法提昇國家利益」的手段[9]，其中傳播溝通與政治宣傳可以扮演整合性的角色：

> 外交官……必須使地主國的人民，尤其是主導該國公眾意見的喉舌與政治領袖瞭解，進而在可能的情況下贊同，其所代表國家的對外政策。要能達成這項「推銷」（selling）對外政策的任務，外交官個人的魅力，以及他對國外人士心理的瞭解，都是必要的先決條件。[10]

> 無論採用何種工具，對外政策的終極目標都是一樣的：改變對手的想法以提昇自己的利益。爲了達到這個目標，外交官會運用承諾或威脅的說服力，滿足或拒絕對方的利益；（威脅使用）軍事武力……（和）政治宣傳，採取或製造智識上的證據、道德價值，乃至情感上的偏好，以便增加自身利益的籌碼。因此，所有的對外政策都是一種爲爭取人們意向的搏鬥；政治宣傳也是如此，只不過其意義更加明確特定一些，

因爲它一切的努力都是爲了直接形塑人們的思想，而不是透過操縱利益的居間斡旋或實際的暴力。[11]

因此曾任外交官的彼得・馬歇爾（Peter Marshall）說：「外交是關於說服，而不是強制。」[12]

在「外交」這門花了太長時間才終於理解國際傳播與政治宣傳之重要性的領域裡[13]，上述演繹固然值得喝采，卻也模糊了政治宣傳和外交之間眞正的界線。政治宣傳不是外交的一種；政治宣傳也不會只因爲外交官的從事，就突然變成是外交。值得我們牢記的一點是，做爲一種活動，政治宣傳和外交的不同之處在於對象和企圖，同時只有在非常特定的情況下，外交官才有從事政治宣傳的必要。政治宣傳和外交這兩種活動，都是「國際政治傳播」（international political communications）過程的一部分，而這個詞彙本身，廣泛到足以涵蓋現存所有不同的傳播型式。[14]外交是一種傳播行爲，發生在政府對政府的層級上，它可能會有媒體的介入——如一九九四年間，當美國與北韓關係面臨最緊張的關鍵性時刻，柯林頓總統（Bill Clinton）便透過有線電視新聞網（Cable News Network，簡稱CNN），向北韓領導階層發表談話——不過整體說來，外交還是要在「機密」與「雙向進行」的情況下，才能發揮最大的效力。[15]

政治宣傳也是一種傳播行為，但因就其定義而言，如果缺乏「宣傳」的氧氣就無法運轉，所以有別於外交。政治宣傳以大眾意見為標的，期能駕馭「群眾力量」，將支持或同情的力量動員成一股無可忽視的助力。

本書第二章以解釋中華民國目前困境的歷史背景為主，對中華民國自共產黨在中國大陸獲勝，迫使國民黨移居台灣以來的國際處境，做了一個簡短的回顧，此一時序的遷移與歷史的演變，反映出了中華民國國際地位的性格，也顯示其命運經常受到其他力量的左右。

第三章幫助讀者瞭解中華民國使用政治宣傳的模式，第四章的重點則在政治宣傳的組織架構、與外交機構的互動、對外政策的制訂與執行，以及這些活動和政治宣傳部門的關聯。此外，也探索了針對海外華人社區，及以中華人民共和國境內中國人為對象的政宣活動。

第五章所關切的焦點，在於傳遞中華民國政治宣傳訊息的體系——亦即印刷和廣電媒體。本章討論不同媒體間的利弊得失，評估新聞記者在散布官方政宣訊息上所扮演的角色，並檢驗了中華民國政府在一九九六年台海危機期間，如何使用國際媒體以強化其外交地位的做法。

本書結論企圖為上述各項討論找出共同的主軸，指出中華民國政治宣傳的幾個問題，同時將官方政治宣傳的明顯失

誤，與美國境內非官方「台灣遊說團體」（Taiwan lobbies）成功的經驗互做比較。

　　政治宣傳在現代國際關係所具有的地位已不容忽視，而這也正是本書的主旨。由於政治宣傳須以最後的成敗為衡量的依據，因此凡是在可能的情況下，本書對於中華民國政宣活動的成效，也都會儘量提出來加以討論，只不過在某些時候，我們往往還是只能以分析企圖、組織及方法為滿足；或許就某個程度上說來，中華民國在現階段的外交環境中，不得不進行某種特別型式的政治宣傳本身，便足以證明政治宣傳的影響力了吧？

註釋

1. G. Mattingly, *Renaissance Diplomacy* (1965), quoted in David Tothill, *South African-Australian Diplomatic Relations: the First Two Decades*. Discussion Papers in Diplomacy no. 32 (University of Leicester, August 1997), p. 15.

2. 為了討論上的便利，本書對「台灣」或「中華民國」間的使用並不做嚴格區分。

3. P. M. Taylor 的 *Munitions of the Mind* (Manchester: Manchester University Press, 1996) 書中，對政治宣傳史有令人目眩神馳的描述。

4. Harold D. Lasswell, 'Propaganda', reprinted in Robert Jackall (ed.), *Propaganda* (London: Macmillan, 1995), p. 21.

5. Asa Briggs, *The History of Broadcasting in the United Kingdom vol.1: the Birth of Broadcasting* (Oxford: Oxford University Press, 1961), p. 309.

6. Peter Kenez, *The Birth of the Propaganda State: Soviet Methods of Mass Mobilisation, 1917-1929* (Oxford: Oxford University Press, 1961), p. 309.

7. Gregg Wolper, 'Wilsonian Public Diplomacy: The Committee on Public Information in Spain', *Diplomatic History* 17 (1), 1993: 17-33 (17);

Eytan Gilboa, 'Media Diplomacy: Conceptual Divergences and Applications', *Harvard International Journal of Press／Politics 3 (3)*, 1998: 56-75 (58).

8. 參見Taylor (1996) 所提供之書目。

9. H. Morgenthau, *Politics Among Nations: the Struggle for Power and Peace* 5th edn. (New York: Alfred A. Knopf, 1972), p. 333.

10. 同上，頁519與525。

11. 同上，頁333。

12. Peter Marshall, *Positive Diplomacy* (London: Macmillan, 1997), p. 132.

13. H. Morgenthau, *Politics Among Nations* (New York: Alfred A. Knopf, 1954), preface; Jaap W. Nobel, 'Morgenthau's struggle with power: the theory of power politics and the Cold War', *Review of International Studies*, 21:1 (1995), 61-85 (70).

14. P. M. Taylor, *Global Communications, International Affairs, and the Media Since 1945* (London: Routledge, 1997).

15. Gary Rawnsley, *Radio Diplomacy and Propaganda: the BBC and VoA in International Politics* (London: Macmillan, 1996); Gary Rawnsley, *Media Diplomacy: Monitored Broadcasts and Foreign Policy*. Discussion Papers in Diplomacy no. 6, (University of Leicester, June 1995); Gary Rawnsley, 'The Importance of Monitored Broadcasts', in

Jan Melissen (ed.), *Innovations in Diplomacy* (London: Macmillan, 1998).

第一章
中華民國國際史簡介

■ Taipei

Taiwan

本章摘要

* 冷戰初期，中華民國的政治宣傳經常受到美國的指導，此時多數國家選擇與台北而非北京建立正式外交關係，因此一九五○年時，台北的駐外使館是北京政權的兩倍之多，同時中華民國不僅是聯合國內代表「中國」的正式會員，也在安全理事會（Security Council）占有永久席次。

* 美國對一九五四年和一九五八年的金馬危機有何不同反應？兩次砲戰對台灣、美國、中國的三角關係各有什麼影響？

* 六○年代末期，基於國際情勢的演變，全球性輿論有很明顯朝承認北京的方向轉移，最後導致聯合國在一九七一年接受中華人民共和國。雖然當初聯合國內也曾提出「雙重代表制」（dual representation）提案，以便使中華民國繼續參與大會，但台北方面卻拒絕接受等待表決，忿然退出聯合國，終於造成連鎖斷交的效應。

* 當美國於一九七九年宣布正式承認北京時，中華民國已幾乎完全被排拒於國際社會之外，必須發展新的外交策略以因應地位上的轉變，於是有了「非官方」外交的出現。這

時美國國會通過了「台灣關係法案」（Taiwan Relations Act，簡稱TRA），使中華民國遭受的斷交衝擊稍獲紓解，此乃美國第一次將其對外關係的特定行為正式寫成法律。「台灣關係法案」的重要性究竟何在？

* 到了一九八九年，國際情勢又有了新的轉變，這次則是對台灣有利。隨著冷戰的結束及蘇聯集團的瓦解，「中國牌」已不再具有策略上的重要性，而北京對天安門示威的處理方式，也破壞了他的國際形象，於是為了對抗中華人民共和國的「一國兩制」模式，中華民國開始追求「彈性外交」，積極鼓吹重回聯合國，並試圖與北京修好，推動兩岸對話。

* 一九九六年三月，當中國企圖以飛彈影響台灣首次總統直選的結果時，第七艦隊（Seventh Fleet）又一次來到台灣海峽巡邏。這一次的危機固然已經解除，但潛伏的問題依舊：未來究竟何去何從？由一九九六年的危機可以看出，在「台灣關係法案」的約束下，美國仍須保護台灣，但值得注意的是，美國政壇傾向公開支持與北京建立更強關係的人數，已有上升的趨勢，他們十分樂見一九九七年及一九九八年的柯江會談成功！可見美國所面臨的問題是多方面的：如何在對台灣的承諾，以及為自身需求而和北京建立更良好關係之間尋找平衡點？

＊目前一切都是未知數：台灣並不急著大幅度重新定義其國
際地位，因爲此舉很可能會危及當下的利益，畢竟就現階
段而言，台灣的生存有賴於保持其地位的模糊性。不過兩
岸自也都有亟欲打破現狀的聲音，這些團體各自在雙邊的
運作，以及他們在國際上所將發揮的政治宣傳效力，都增
添了台灣在未來發展的變數。

如果你們老美……想要詛咒世人、支持蔣介石，那是你們的
事，我不管。……可是記住一點，中國屬於誰？中國絕對不
屬於蔣介石；中國屬於中國人。遲早你們將發現，再要支持
他簡直是絕不可能了。

——毛澤東（1945）[1]

　　國民黨於一九一二年在南京建立中華民國，國共內戰失
敗後，不得不於一九四九年移都台灣，但國民黨一直把這趟
遷徙視爲暫時的權宜之計，堅稱他才是全中國唯一的合法政
府。冷戰的氣候成爲支持此一訴求的最佳溫床，兩個中國分
庭抗禮的態勢於爲成型，其中一個是社會主義陣營裡的大
將，另一個則以反共陣營的尖兵自許，擔任聯合國常務理事
會的一員。北京自共產黨於一九四九年掌權之後，刻意枉顧
外交禮儀存在的事實，給予許多來自國外（特別是美國）的
駐外官員羞辱的待遇，加上毛澤東明顯「往蘇聯一邊倒」的
政策，挑起了西方社會對中華人民共和國建國的普遍仇視。[2]
不過我們也都知道，美國一開始其實並不願對中華民國提供
任何實質上的協助；一九五〇年一月間，儘管美國國務院
（State Department）擔心台灣很快將會走向赤化的命運，但國
務卿（Secretary of State）艾奇遜（Dean Acheson）還是公開
表示，美國將不會提供國民黨政府任何軍事上的支援。當共
軍在一九五〇年五月攻占海南島時，國務院的憂慮似有成眞

的趨勢，當時艾奇遜便告訴英國外長貝文（Ernest Bevin）說，蔣介石政權已經「完了」，美國「從此將會對中國採取比較務實的政策」。[3] 在這種思惟的蔓延下，寇恩（Warren I. Cohen）記錄了當時美國將如何為蔣政權送終的考量，他寫道：「（一九四九年）六月二日，當中國援助法案（China Aid Act）屆滿時，美國將會停止繼續浪費資源。國民黨的中國已經完蛋」，福爾摩莎落入共產黨手裡將只是遲早的事而已。[4] 一九五〇年一月，杜魯門總統（H. Truman）正式發布了這項「放手」（hands-off）政策，他說：

> 美國並無掠奪福爾摩莎或任何其他中國領土的計畫。美國並無在此時於福爾摩莎獲取特權或建立軍事基地的企圖，也無運用武力干預現況的意願。美國不會擬具介入中國內部衝突的政策……，同樣的，美國也不會對福爾摩莎的中國軍隊提供任何軍事上的援助或建言。[5]

艾奇遜對這項政策表態支持，他說：「我們將不會在福爾摩莎島上有任何軍事的介入。據我瞭解，沒有一位負責任的政府或軍方人員，會相信我們應在該島上有軍事的介入。」[6] 這使得中國國民黨感到他們被美國徹底出賣了。

不過韓戰的爆發卻改變了美國的態度，西方列強趁此機

會再次重申他們對台灣的承諾：聯合國杯葛中國大陸，美國
也派出第七艦隊維繫台海安全並保持現狀。而所謂的現狀，
就華府的定義而言，即防止毛澤東攻擊台灣，但同時也避免
蔣介石提前對大陸發動未成熟的反攻。誠如杜魯門所指出
的，這項政策的目的便是要防止「地區性衝突」[7]的擴大：

> 在此情況下，福爾摩莎如被共黨武力所占據，將是對
> 太平洋地區的安全，以及在此從事合法與必要性活動
> 之美國軍隊的直接威脅。
>
> 有鑑於此，我已指示第七艦隊必須防止任何對福爾摩
> 莎的侵犯，因此我也要呼籲駐在福爾摩莎的中國政
> 府，停止一切空中及海上對大陸不利的行動，因爲第
> 七艦隊將會負起此一職責。福爾摩莎未來地位的確
> 認，必須等到太平洋地區的安全恢復，與日本達成和
> 平協議，或者聯合國做出考量之後才能決定。[8]

這是在短短五個月內所發生的政策大轉彎！台灣變成了
美國中情局（Central Intelligent Agency，簡稱 CIA）在亞洲
活動的主要基地，也因做爲全球反共聯盟重要的一員，而享
有來自美國豐富的軍援和經援。[9]台灣被視爲「一股支撐從
阿留申群島（Aleutians）至澳大利亞所形成的防禦陣線重要
的穩定力量」，以及「不會沉沒的航空母艦……，具有可攻

可守的戰略地位」。[10] 各種合理化的解釋形成了我們熟知的
冷戰語彙——如意識型態的衝突（善對惡），以及根除共產主
義之後，由內部爭取自由的可能性等。這些主題一向便是美
國在歐洲的冷戰架構，而現在也整批運到了亞洲：

> 共產主義與中國文化背道而馳，兩者絕無法共存，竊
> 據大陸的毛主義將只能得逞一時。大陸上由中國人民
> 所發起的真正革命已經展開，加上來自台灣的自由中
> 國人民的協助，他們必將能在中國的土地上掃除共產
> 主義，屆時，中國將能再次獲得應有的地位，並為世
> 界和平做出貢獻。[11]

做為美國亞洲反共策略的一部分，中華民國在此時究竟
獲得多少美國的秘密協助，我們至今仍舊所知無多，不過有
幾片零星的拼圖已經被發現了：自一九五六年之後，便有美
國特別組織（American Special Forces）的訓練隊伍駐紮在泰
國、南越（South Vietnam）和台灣等地，同時中國國民黨自
一九五三年之後，也經常派員前往美軍的布來格基地（Bragg
Fort）拜訪。一九五七年時，中華民國於美國的協助和建議
之下，在台灣的龍潭成立自己的特別組織中心。瑞・克萊恩
（Ray S. Cline）在他的回憶錄中，坦承了許多在大陸的「諜
報員滲透」活動、訓練 U2 飛行員飛過中國領空、中情局對

美國航空（Air America）、民航空運隊（Civil Air Transport）
[12] 和亞洲航空（Air Asia）的控制，以及如何策反中國米格機
（MIG）飛行員投誠到台灣等。[13] 冷戰期間，中華民國的政治
宣傳及心理作戰（psychological warfare）活動，經常受到美
國的指導，其性格也與此時歐洲的政治宣傳有異曲同工之
妙，因此馬切提（Victor Marchetti）和馬克士（John D.
Marks）都表示，當中情局遠東分部在一九六七年鼓吹從台
灣發放載滿傳單、手冊、報紙的汽球，飄過台灣海峽進入大
陸的時候，他們不禁都有一種似曾相識的感覺。[14] 這種被稱
做「小玩意炸彈」（knick-knack bombardment）的空飄汽球，
裝滿「筆、開罐器、鮮豔 T 恤和其他廉價物品」，被形容爲
會「在大陸上爆開，然後降下資本主義的甘霖」。[15]

　　這波政宣炸彈的目的，擺明了是想藉文化大革命挑起更
大的「國內騷動」。蔣介石從前也曾假藉「大躍進」一敗塗
地的機會，對中華人民共和國從事心理作戰的計畫，希冀
「透過散布毛澤東失敗的事實，瓦解共產黨的力量」。[16] 這套
策略當時使用得相當頻繁，儘管美國國務卿約翰·杜勒斯
（John Foster Dulles）坦承，他認爲這類政治宣傳和心理戰術
並無法解放鐵幕內的民眾，因爲中國（以及東歐）內部的改
變，必將是一種內發式的結果，「而非來自外界的刺激」。[17]

　　中華民國也採用典型的隱形政宣（black propaganda）技

巧：空飄汽球所攜帶的宣傳品，都被設計得很像是幾份早已在中國各地流傳的刊物，並以確實存在的反革命組織為名義，只不過組織下的人名卻是捏造的，更令人難辨真偽。美國自然對這些行動一概否認，將一切責任推給蔣介石——中情局「自動自發的合作對象」。[18] 不過從逃到香港的中國難民常會攜帶這些傳單的情況看來，中情局倒是獲得了此一戰術成功的證據。[19]

中情局還介入了由台灣向大陸散布假新聞與隱形政宣的製播。雖然目前尚無明確的證據可以證實，但據傳在一九五八年金門戰事爆發期間，這些電台的頻率和大陸當地的電台只相差一兆赫而已，這種政宣手法稱之為「挨近」(snuggling)技巧[20]，因為頻率如此相近且不揭露真正的訊號源，聽眾根本無從知道自己正在收聽隱形政宣。問題是，當中情局（曾在金門設有基地）[21] 利用國外廣播資訊服務（Foreign Broadcast Information Service，簡稱 FBIS）[22] 追蹤這些隱形政宣的訊號時，完全將此行動視為最高機密，連 FBIS 都被他們蒙在鼓裡，而 FBIS 的職責之一，便是要監聽中國境內的異議電台，並向美國國內提供報告，結果因為 FBIS 經常監聽到中情局所製播的隱形政宣而不自知，反倒往往因此誤導了美國本土的中國觀察家。[23]

為了加強政治宣傳的效果，蔣介石公開宣稱他擁有雄厚

的軍事實力，足以保衛台灣，進一步反攻大陸。此一對中華
民國軍力的測量並不正確，卻滿足了在美國境內提高對華支
持率的政宣目標；同樣的，蔣介石樂觀表示，大陸上有一百
萬人「正等著起義」推翻共產政權 [24]，也是一種與上述雷同
的錯誤估計，但這種說法自有其政治宣傳的效力。此外，伴
隨著這類訊息，在大陸上所進行的游擊戰，也往往會受到大
幅報導以鼓舞民心士氣，例如，《中國手冊》（*The China
Handbook*，後來更名爲 *The Republic of China Yearbook*，即
《中華民國英文年鑑》），以及《自由中國周刊》（*Free China
Weekly*），便都會大肆宣揚這類「機密」行動：

> 自由中國的蛙人游擊隊與兩棲作戰單位合作，在浙
> 江、福建與廣東各省的沿海港口及重要島嶼進行多次
> 突擊，是未來即將展開之反攻計畫的前哨戰。由於游
> 擊隊伍的士氣高昂，每次突擊都有豐碩的成果，一九
> 五二年的敵軍傷亡率，比一九五一年高出 110%，戰
> 俘人數多出 108%，繳械超出 210%。[25]

也因此一九五八年時，蔣介石疾呼大陸局勢已出現不穩
定的跡象，不過美國國家情報估算（National Intelligence
Estimates）的資料卻指出，雖然大陸上出現異議的情況確有
增加，但有組織性的反抗行動卻從未獲得發展的機會。[26] 正

是在這個時期，蔣介石與台灣領導階層開始稱中華民國爲「自由中國」，此一形象至今仍影響著台灣政治生活的諸多面相。一九五八年九月，自由中國的行政院長表示，他的政府並不尋求以武力推翻共產政權，而是以「內部革命」達到此一目的，因此「政治」方法的重要性更大於軍事訴求：「由赤禍的持續蔓延觀之，大陸上的同胞極其不滿，並亟欲知道他們何時將可重獲自由……」。[27] 蔣介石一直樂觀認定，在甘迺迪（J. F. Kennedy）主政期間，大陸可以光復，因此由各種文件紀錄顯示，蔣介石政府此時不斷企圖說服美國，表示透過各種秘密與正面的軍事操作，反攻大陸的時機已趨成熟，值得美國全力支持。[28] 然而美國對於支持蔣介石軍事計畫的熱度本來就不高，待得入侵古巴的軍事行動失利後，自更是意興闌珊了。

冷戰期間，多數政府選擇與台北而非北京建立正式外交關係，因此一九五〇年時，台北的駐外使館是北京政權的兩倍之多[29]，同時中華民國不僅是聯合國內代表「中國」的正式會員，也在安全理事會占有永久席次。蘇聯集團中的國家才承認中華人民共和國，蘇維埃聯邦便是第一個在一九四九年即承認中華人民共和國的政權，這些鐵幕國家都在北京設有大使館，並在聯合國內表態支持中華人民共和國。

西方列強對於「中國議題」的態度便沒有像蘇聯集團那

麼一致，這種分裂尤其阻礙了英美雙方的「特別關係」。英
國政府基於「延誤承認（共產政權）可能將嚴重損害西方國
家在中國的利益，而無法獲取任何足以彌補的好處」[30]，在
一九五〇年正式承認北京。英國外長貝文表示，繼續譴責中
國共產黨，可能將會導致「中國與西方的永久疏離」，這對
必須考量香港利益而與中國維持商業聯繫的英國政府來說，
將是不堪設想的後果。[31] 這種現實的作風自然招致不少抨
擊，蔣夫人於一九五〇年在紐約的廣播，指責英國爲「道德
的弱者，只爲金銀而出賣自己的靈魂，殊不知這是犧牲了自
由戰場所換來的代價。英國何羞！」[32] 據說這項指控令貝文
大感後悔：「我永不該這麼做的。」[33] 不過，英國在台灣持
續保有一個領事館，直到一九七二年三月，當中英雙邊決定
提高關係至大使層級時，淡水領事館才遭到關閉。[34] 除此之
外，直到法國在一九六四年與北京建交之前，並無其他西歐
國家與台灣斷交。

　　所以在實際上，有兩個中國爲了權力、影響力及合法性
在彼此競爭，當中國大陸在一九五四年對金門、馬祖發動攻
擊時，中國問題開始成爲冷戰期間兩強關係的關鍵。艾森豪
總統（D. Eisenhower）的軍事顧問咸認台灣一受到軍事侵
略，美國就應立即趕往救援，但艾森豪並不贊同；事實上，
由於金、馬兩島的地理位置如此接近中國大陸，許多美國官

員認為它們被北京占據並無大礙。不過當十三位美國飛行員在韓戰期間遭到擊落，被中華人民共和國以間諜活動罪名加以囚禁時，艾森豪乃毅然決定和中華民國簽署「共同防禦條約」（**Mutual Defence Treaty**）[35]，同時當金、馬戰事延續到一九五五年時，美國向中國發動核武攻擊的可能性也出現日漸升高的趨勢。[36] 美國的反應，無論對美國憲法、對台灣，乃至對中美關係都具有深遠影響，誠如《艾森豪傳記》作者安柏斯（**Stephen Ambrose**）所指出的，那是「美國史上頭一遭，國會預先給予總統依照他所認可的時間及情況加入戰爭的權力」。安柏斯認為，艾森豪對此危機的處理可謂「不戰而驅人之兵」，因為他使北京猜不透他到底會做何反應——他真的會使用核子武器嗎？——北京完全不知道他的底線在那裡。不過安柏斯表示：「問題是，其實連艾森豪自己也不知道。」[37]

這項危機到一九五五年四月終趨緩和，中共不希望和美國展開戰爭，表態宣布和解的意願，但在另一方面，他們也表明將繼續循「和平途徑」以「解放」台灣。於是來自中華人民共和國的代表與美國代表（但卻沒有中華民國的代表在內）會面化解危機，談判持續了三年之久，會議地點大多選在波蘭進行。只是外交行動仍無法永久避免軍事上的衝突，一九五八年間，中共再度砲轟金門與馬祖，不過仔細斟酌冷

戰國際史（Cold War International History Project）的中國檔
案時，卻可發現這波對金、馬重新點燃的砲火攻擊，並不是
為了實現毛澤東解放台灣的野心，而是為了與美國互相抗
衡。[38] 當美軍在黎巴嫩（Lebanon）登陸兩天之後，中共立
即採取對金、馬砲轟的行動，為的便是要「阻止美帝，並證
明中國是以行動而不只是言詞來支持中東的國家解放運動
（National Liberation Movements）」。[39] 中國國務院總理周恩來
表示，砲轟行動將能「向美國人證明，中華人民共和國夠強
也夠狠，並不畏懼美國」。[40]

　　中共對台灣外島的定期轟炸持續到一九七九年一月，但
只在奇數日進行，難怪美國國務卿杜勒斯曾對美國駐華大使
莊萊德（Everett Drumright）說：「這種怪誕的行為（即有規
律性的砲火轟擊），似乎證明了我們認為中共的態度主要是
在政治與宣傳上的目的，而非軍事性的企圖。」[41] 不消說，
中華民國當然採取了反擊，不過雙方所發射的砲彈通常都不
具有比印刷刊物更大的殺傷力。中華民國同時繼續利用擴音
器從外島向大陸廣播政治宣傳；中共也一樣投桃報李。[42] 這
種在一九五二年運用的心理戰術，到一九五八年時，已和經
濟、外交及軍事準備一樣，成為中華民國的國家政策之一，
例如，一九五三至五四年的《中國手冊》裡，便有許多共軍
在聽到擴音喊話後決定投降的記載，「可見我方的全面性勝

利」。[43] 這促使中華民國決定對心理戰術做更深的鑽研，包括在飛過大陸領空的飛機上利用擴音器播音的可能性。一九五八至一九五九年的《中華民國英文年鑑》，指出了國防部長如何在金、馬戰事期間加強心理戰術的效能：「飛行機每月深入大陸投遞傳單、文告、表格、安全指導通行證和食物等。空投已在影響相當數量的大陸人民逃出鐵幕一事上開花結果。」[44]

美國於一九五八年向中華民國供應嶄新的軍事配備以便抵禦外島，再次展現了他在一九五四年「共同防禦條約」中為保衛台灣所做的承諾。但美國值此危急時刻對台灣外島的支援行動，卻原非必然的結果。根據已公開的文件證據顯示，美國公眾輿論和政壇意見，對金、馬危機所突顯出來的一些重要議題，呈現了矛盾的情結：第一、美國人並不願對台灣外顯的軍事主義表現支持，正如約翰·杜勒斯所說的：「我們實際上是要金、馬諸島成為『有特權的庇護所』，（中國國民黨）可以從那兒進行反共政治戰與顛覆戰，但卻不會招致（共產黨的）報復。」[45] 第二、美國政府對金、馬外島的重要性存有疑慮，例如，中情局局長亞倫·杜勒斯（Allen Dulles）便表示，中華民國「將情況過分誇張了，美國軍事觀察家並未看出（金門、馬祖）有立即遭受侵犯的威脅」。在美國軍方眼中，為金門、馬祖挑起即使是小規模的戰爭都

並不值得，可是卻認為防禦金、馬的象徵性意義，遠比軍事因素本身更為重要。不過在金、馬危機最緊張的關口，也有一些相當強硬的論調，如美國台灣防衛部隊指揮官斯姆特（Roland Smoot）便疾呼，必須讓中華人民共和國知道，他們正面臨在兩周之內與美國發生「槍戰」的危險：「這是我們彼此的戰鬥：美國和赤色中國……。先談判，沒錯——但要談得又快又狠，並且用槍正面瞄準他們的腦袋。」斯姆特甚至認為美國也應該對中華民國更嚴厲一些。在寫畢完這份文書後，他說：「我覺得好多了！」[46]

　　美國對為了金、馬外島而可能被拖入戰爭的前景備覺憂心，因此對蔣介石一再重申反攻大陸的決心，感到相當不樂意，從一九五八年中華民國和美國官員的「談話備忘錄」（Memorandum of a conversation）中，即可見出端倪：

　　蔣總統每年都已習慣說「今年」便將是（中華民國）重返大陸的一年，這種陳述對這兒（美國）的民眾已產生了反效果。（中華民國）葉大使表示，總司令每年的新年談話，對他來說都是相當大的挑戰，但他覺得過去兩三年來已經好多了。在他擔任外交部長的任內，他刻意避免將「反攻」的字眼與「重回大陸」一事做聯繫。他強調，（中華民國）只有當順應人民的

　　欲求及希望時，才有可能回到大陸。[47]

　　所以在此階段，美國的支持有很大一部分是以中華民國收斂其對大陸的侵略性爲條件，改採偏向政治性的策略對待大陸事務。[48] 事實上，美國甚至企圖說服蔣介石撤離金門與馬祖，不過美國國務院也承認，金、馬地區在一九五八年向中共的軍事入侵施以反擊，加上來自美國的援助，「大幅激勵了自由中國的民心士氣，使任何自願退讓的建議變得難如登天……」。[49]

　　到六〇年代末期，全球性的興論有很明顯朝承認北京的方向轉移，當聯合國內辯論「誰應代表中國」的議題時，中華人民共和國的得票率不斷增加，而這只是局勢的開始。六〇年代期間，許多非洲政府不斷和兩個中國一再斷交又重新建交，端視他們眼前的利益與國際情勢如何互動。[50] 此一模式幾乎在所有開發中國家都一再重演，例如，塞內加爾（Senegal）便與中華民國在一九六〇年建交，一九六四年斷交，一九八〇年重新建交，一九八二年再次斷交，然後又於一九九六年一月復交。中華人民共和國開始在「不結盟運動」（Non-Aligned Movement）中占一席之地[51]，對有正式邦交的國家施予國外援助款項。此外，美、蘇兩強對峙的局面開始出現緩和的跡象，而莫斯科與北京的分裂卻日益明顯，再加

上越戰的持續進行，對許多國家來說，和中華人民共和國建立外交溝通，變成十分有利的選擇，於是一九七○年間，加拿大與義大利先後和中華民國斷交，轉而承認中華人民共和國，成為繼一九六四年的法國之後，率先有此動作的西方國家，而對不得不重新評估其外交政策的美國政府而言，正式承認北京也變得愈來愈富有吸引力。正如一九五○年間英國政府的出發點，美國逐漸發現，拒絕承認中華人民共和國，恰好使北京有了藉口，避免對和美國外交政策有關之一系列重要議題，進行任何實質的討論、斡旋與承諾。[52] 事實上，承認一個政權，並不代表同意這個政權的所做所為，而早在一九四九年十二月時，英國駐聯合國代表史恩爵士（Sir Terence Shone）便曾表示：「是否承認中國共產政權的問題，應以事實為決定的基礎，而不應受到對某個政府是否喜愛的影響。」他認為承認的問題，應以這個政權對領土及／或國家的控制為依據，而不應加入任何道德上的詮釋。[53] 尼克森（R. Nixon）政府在考量與中國的關係時，顯然也便採取了這種務實的態度。被視為搭起中美聯繫橋樑之建築師的季辛吉（Henry Kissinger），形容尼克森幕僚如何逐漸接受這種觀點：「將中國這麼有份量的國家排斥在美國的外交選項之外，好比將自己的一隻手反綁在背後，僅用單手來操作國際事宜。我們相信，擴大美國外交政策的選擇，將會軟化而

非強化莫斯科的姿態。」[54] 一九六九年尼克森學派的基本架構，便是認為以「中國牌」來牽制克里姆林宮（Kremlin），美國將可能在越戰中爭取較有利的和解條件。季辛吉和尼克森先後試探性地訪問了北京，然後開始為雙方關係打造較為穩固的基礎；至於中國方面的政治動機則可謂相當明確，誠如季辛吉所指出的，中國之所以同意為美國打開大門，「並不是為了對話的前景……，而是出於擔心受到蘇聯──其表面上的盟國──攻擊的恐懼」。[55]

這種對待中國議題的新思惟，發揮了雪球效應，台灣的國際支持度大幅滑落，導致聯合國在一九七一年接受中華人民共和國。[56] 雖然當初聯合國內也曾提出「雙重代表制」提案，以便使中華民國繼續參與大會，但台北方面卻拒絕接受等待表決，忿然退出聯合國。此舉對中華民國宣稱自己是代表整個中國的合法政權一事，產生嚴重的打擊，於是往後十年間，與台北斷交的國家數目激增，猶如謝蕉姣所形容的「連鎖斷交。……到一九七九年時，只有二十一個國家與台北維持外交聯繫，但卻有一一七個國家和北京建立正式關係。一九七一年時，這個數字分別是六十八對五十三，所以從一九七一年一月到一九七九年一月，共有四十六個國家改變了他們中國政策效忠的對象。」[57] 到一九八八年時，五十五個國家轉移了他們所承認的政權；再過十年，只剩下二十

八個國家承認中華民國。此外，中華民國也被逐出了所有和
聯合國相關之主要國際性政府組織（不過仍保有八百多個較
次要之非政府組織的會員資格）。到一九八四年時，中華民
國只加入了十個政府性組織，其中包括以「中國台北」的名
義加入亞洲太平洋經濟合作會（Asia-Pacific Economic Co-
operation Forum，簡稱 APEC），以及亞洲開發銀行（Asian
Development Bank）。值得注意的是，近來中華民國在多層次
組織間的參與已有明顯增加，舉例來說，他是南太平洋會議
（South Pacific Forum）的一員，此會議成員固然多和中華民
國建有正式外交關係，但和台北沒有正式邦交的澳大利亞及
紐西蘭也是此會的分子，所以透過這個國際性組織，中華民
國和非邦交國便能展開互動和聯繫；此外，中華民國也應邀
加入一個新成立的中美洲整合體系（System of Integration
Central American，簡稱 SICA），其中的地區性會員都承認中
華民國；又，一九九七年九月，李登輝總統在中華民國的友
邦——巴拿馬，出席了巴拿馬運河世界會議（World Congress
on the Panama Canal），成為他以總統身分出國參與的第一個
國際性會議。雖然由於中共的杯葛，兩千多張邀請函只有八
百多人應邀出席，連聯合國都撤回了代表團，不過法國和美
國都派員出席了，無形中提高了此一會議的國際性地位。[58]
　　中華民國在一九七九年面臨了另一個嚴重的打擊，他最

堅強的盟友——美國，終於宣布正式承認北京。中美關係在七〇年代步入蜜月期，美國輿情顯得愈益支持中華人民共和國，而美國商界也顯然想抓緊後毛澤東時代中國開放的時機，好好大發利市。[59] 此一趨勢的形成，與媒體對中美建交發展態勢的高度興趣有密切關係，正如新聞記者梅西（Thomas Massey）在一九七三年的觀察：

> 沒有一個國家的政治宣傳，能比毛主席的中國更加成功。當理查·尼克森在一九七二年向（中國）敲開大門，伴他而去的電視攝影隊伍傳送回來的畫面，很快形成一般人傳統觀念裡的中國：……一個節儉、誠實、團結的國家，笑容可掬地迎向未來，擁有堅定的共同目標……，簡直就像我們心目中早期的美國一樣。[60]

中華民國此時已被排拒於國際社會之外，必須發展新的外交策略以因應地位上的轉變，於是有了「非官方」外交的出現。一套嶄新且更有活力的政治宣傳，以便同時在台灣與國際間強調他「阻撓共黨進犯，以及大膽改革、向前邁進的能力」。[61] 當美國國會在一九七九年通過「台灣關係法案」時，中華民國所遭受的斷交衝擊終於稍獲紓解，此乃美國第一次將其對外關係的特定行為正式寫成法律。[62]

「台關法」於中華民國對美外交關係的架構和方法，都
產生了深遠的影響。理論上說來，美國法律承認台灣的地位
爲一主權國家，因此允許中華民國的代表在美國享有一切外
交特權，以及伴隨此一地位而來的各項津貼：「當台灣給予
美國在台協會（American Institute in Taiwan，簡稱 AIT）及
其……人員對等的特權及豁免權，總統也授予台灣機構及其
……人員相同的特權及豁免權，……以便使之有效發揮其功
能。」[63]

　　這項法案的設計是要重申中華民國的主權，因此在「移
民及國籍法」（Immigration and Nationality Act）中，允許中
華民國被處理成具有國家的地位，同時和美國之間的所有條
約及同意案都能持續生效（見該法 Section 4c）。法案中沒有
「排除或驅逐台灣繼續在任何國際性財務機構或任何其他國
際組織保有會員資格的依據」（見該法 Section 4d），從而賦
予美國在台協會成立的法律基礎，以便處理兩個政府之間非
正式的關係，並在美國境內建立北美事務協調委員會
（Coordination Council for North American Affairs），以便安排
各項實務（見該法 Section 6, 7, 8, 9）。

　　觀察家對「台關法」的重要性常有不同見解：愛莫森
（J. Terry Emerson）表示，雖然此法「並未恢復美國與中華民
國正式的府對府關係，卻在兩個主權國家之間創造了實質上

的官方關係」。[64] 田弘茂對「台關法」的評價也相當正面，指出該法案的許多條文，都確保台灣被視為一個主權國家，但在另一方面也同意孟耕（Francoise Mengen）的看法，認為這樣的架構使台灣只能「在功能上等同一個獨立的國家」[65]，孟耕更進一步強調：「當實務性的允諾是以行政規則為基礎時，此允諾並不穩定，且經常缺乏嚴格的操作，使這些特權和豁免權也有可能回到純屬慣例的功能性本質。」[66]

到了一九八九年，國際情勢又有了新的轉變，這次則是對台灣有利。隨著冷戰的結束及蘇聯集團的瓦解，「中國牌」已不再具有策略上的重要性，而北京對天安門示威的處理方式，也破壞了他的國際形象。李登輝衡量後冷戰環境對國際權力重組的影響，在中華人民共和國宣布中國的統一應循「一國兩制」模式進行後，認為中華民國應該開始追求「彈性外交」[67]。於是李登輝力促已經正式承認中華人民共和國的政府，也和中華民國建立官方關係，並且採取積極的手法，鼓吹中華民國應被允許重返聯合國，同時他也試圖與北京修好，宣布終止與中華人民共和國的內戰，承諾推動兩岸間的對話（導致了一九九三年的辜汪會談，詳情請見第三章）。

一九九二年時，布希總統（George Bush）同意出售 F-16 戰鬥機給台灣，一度對中美關係造成嚴重的威脅，不過北京

發現衝突將可能損害美——中及美——台間的貿易和資金流通，於是停止了任何挑釁的動作。[68] 然後在一九九四年，柯林頓總統簽署了一項大幅提昇對台關係的法案，再次肯定「台灣關係法案」的地位，將台灣的駐美外交辦事處，從「北美事務協調委員會」改為「台北經濟文化代表處」（Taipei Economic and Cultural Representative Office，簡稱 TECRO），而這些動作終於一步步導向了李登輝在一九九五年六月的訪美行程。有趣的是，這趟訪問徹底改變了中華人民共和國在美國的政宣風格：此後不但有比往常更多的美國國會議員應邀前往中國訪問，中國的外交人員也開始更加注意與國會議員、遊說團體以及商業社區培養私人關係。

一九九六年三月，當中國企圖以飛彈影響台灣首次總統直選的結果時，第七艦隊又一次來到台灣海峽巡邏。這一次的危機固然已經解除，但潛伏的問題依舊：未來究竟何去何從？中國的威脅並非幻影，北京對什麼樣的情況將導致他向台灣採取軍事行動，開出非常明確的條件——如果台灣宣布獨立，政治或社會動盪不安（在民主政治體制下，發生此一情況的機率比其他體制都來得大），對統一的長期拒絕，以及如果台灣擁有核子武器。

> ……台灣是一個受到威脅的國家，而且可能持續如此。台灣的情況並不穩定，在可預見的將來也仍一

樣。他會受到美——中關係的地位、美國國內政治的變遷、美國外交政策在別處的問題，以及美國大眾對台灣之同情與支持的各種影響。[69]

由一九九六年的危機可以看出，在「台灣關係法案」的約束下，美國仍會保護台灣，正如中華民國前外交部長錢復在一九九一年所說的：「如果中華人民共和國對台灣動用武力，台灣人民（會）期望華府基於該法案而出面干預。」[70] 柯林頓政府曾向中華民國熱切保證，美國不會為了增進與北京的關係而以台灣為代價，美國對華政策仍以「台關法」為指標，同時華府也未改變對台軍售的政策。[71] 值得注意的是，美國政壇傾向公開支持與北京建立更強關係的人數，也有上升的趨勢，與一九八九年因天安門事件而重要性大增的反北京派傳統人士互相抗衡[72]，他們十分樂見一九九七年十月，中國國家主席江澤民訪美而促成中、美兩國友誼的明顯增進。江澤民與柯林頓的會面，在純功能性的事務上建立了更穩固的夥伴關係，但人權議題仍是燙手山芋，雖然江澤民同意為聯合國經濟、社會與文化權條款（UN Covenant on Economic, Social and Cultural Rights）「背書」[73]。這項會晤在另一方面也給予柯林頓政府再次向台灣保證的機會，表示美國依然支持「台灣關係法案」，也會繼續和台北維持友善、互惠的關係。

美國所面臨的問題是多方面的：如何在對台灣的承諾，以及為自身需求而和北京建立更良好關係之間尋找平衡點？柯林頓政府以典型的務實取向說明其立場：國務卿歐布萊特（Madeleine Albright）重申人權問題在中國的重要性，但也補充說，和一個「對區域性及全球性都有巨大影響的龐大國家」建立一種「多層面的關係」，實有迫切必要；[74] 柯林頓的國家安全顧問柏格（Sandy Berger）也同樣表示：「我們不能隔離中國。我們只會自絕於中國。世上其他國家都已做了選擇；所以我們可以向後轉，但世界卻會向前進。」柯林頓政府相信和中國合作，會比視中國為畏途更加有利。[75] 有趣的是，柯林頓總統把美國對北京的政策稱為「彈性」，恰是中華民國使用的詞彙，意即「擴大美國與中國大陸合作的方法，同時以公開與尊重的態度面對彼此的差異。隔離中國是行不通的，不僅是反生產，也具有潛伏的危險性」，因為將會提高北京的敵意。[76]

　　柯江會談並未產生許多實質的協議，事實上，有些觀察家甚至認為這項會談是一種外交上的敗筆！但這樣的看法忽略了此一會談本身更廣泛的重要性：它不僅展示了柯林頓對中國政策大轉彎做合理化的能力，也使雙方有機會就一九八九年後僵化的關係朝正常化的方向邁進。台灣對此發展自然感到相當焦慮，甚至要求美國提昇與中華民國的關係，以便

緩和中、美關係強化之後所可能造成的危險，而這其中最令人擔憂的，則是柯江會談聯合聲明所做的結論：「中國強調，台灣問題是中美關係當中，最重要且敏感的核心問題。」[77]

一九九八年中葉，柯林頓也訪問了中國，雖然他抓住機會批評了北京對天安門事件與西藏問題的處理，但白宮還是刻意對此行（一九八九年以來，美國總統的首次訪問）加以合理化，指出與中國來往而非一味反對中國所將帶來的利益。[78] 台灣感到很緊張，正如《經濟學人周刊》（The Economist）所報導的：「沒有一個地方比台灣更密切注意著……這一項會談。」[79] 果不其然，在柯林頓重申「三不」政策——也就是美國承認一個中國，美國不鼓勵台灣獨立，以及不支持中華民國以國家的身分加入任何國際性組織——之後，台灣立即表達了保留的立場，指出中華民國樂見這次會談包括了對台灣的討論，但未以任何正式的聲明達成結論，不過同時也宣稱美國與中國「皆無權討論台灣的命運」。[80]

目前一切都是未知數。台灣並不急著大幅度重新定義其國際地位，因為此舉很可能會危及當下的利益，畢竟「台灣的生存，就目前來說，有賴於保持其地位的模糊性」。[81] 中華民國政府同時也積極展開各種外交、遊說及政治宣傳的活動，以便提倡他在聯合國的入會資格。在美國，所謂的「中

國議題」各自分化了兩大政黨的政治人物，並仍以此做爲國
內政治的工具。以二○○○年美國的總統大選爲例，一般認
爲小布希（George W. Bush）比高爾（Al Gore）更能照顧台
灣的利益，但在另一方面，如果布希的政策威脅到中、美關
係的友好程度，即有可能增添台海局勢不穩定的變數，反將
危及台灣的利益！然而不可忘卻的是，美國的對華政策，自
然永遠將以美國自身的利益爲最優先也最重要的考量。許多
人也擔心，陳水扁在二○○○年台灣大選的獲勝，是導致目
前兩岸關係受挫的主因，因此陳水扁已盡力把對北京可能造
成的殺傷力降至最低：就職總統之後，他並未宣布台灣獨
立，並未改變中華民國的國號，也表示不會舉行全民公投。
北京雖未對台北新政府的各種示好表達出善意的回應，但也
並未採取激烈的反彈行動，猶如其在選前的恐嚇或諸多人士
的臆測 [82]。民主的成就雖使台灣變得比以往更富自信，但他
同時也瞭解，他對自己前途的全盤掌握，依舊是受到相當限
制的：

> 放眼台灣歷史，其命運總是在別處受到決定。在福建
> 的討論後，她被交給荷蘭，在戰爭結束後的滿州，被
> 交給日本，然後在開羅，被交給中國。台灣人民在近
> 年來的所做所爲，顯示了他們或許至少可以表達自己
> 的意見。[83]

註釋

1. William Hinton, *Fanshen: A Documentary of Revolution in a Chinese Village*, 2nd edn. (Berkeley: University of California Press, 1997), p. 103.

2. Edwin W. Martin, *Divided Counsel: The Anglo-American Response to Communist Victory in China* (Lexington, Kentucky: University of Kentucky Press, 1986).

3. Memorandum of Acheson-Bevin conversation, 4 April 1949, *Foreign Relations of the United States* (Washington DC: Department of State, 1996；以後將簡稱為 *FRUS*), 1949 VII, pp. 1138-41. Quoted by Warren I. Cohen, 'Acheson, His Advisers, and China, 1949-1950', in Dorothy Borg and Waldo Heinrichs (eds), *Uncertain Years: Chinese-American Relations, 1947-1950* (New York: Columbia University Press, 1980), pp. 23-4.

4. Borg and Waldo (1980), p. 28.

5. George H. Kerr, *Formosa Betrayed* (London: Eyre & Spottiswoode, 1966), pp. 386-7.

6. Gerald H. Corr, *The Chinese Red Army* (London: Purnell, 1974), p. 72.

7. Harry S. Truman, *Memoirs: Years of Trial and Hope*, vol. 2 (Garden City: Doubleday, 1956), p. 334; Steve Tsang, 'Chiang Kai-shek and the Kuomintang's Policy to Reconquer the Chinese Mainland, 1949-1958',

in Steve Tsang (ed.), *In the Shadow of China: Political Developments in Taiwan Since 1949* (London: Hurst, 1993), pp. 48-72; John Lewis Gaddis, *We Now Know: Rethinking the Cold War* (Oxford: Oxford University Press, 1997), pp. 70-5.

8. Kerr (1966), pp. 396-7.

9. Hung-Mao Tien, *The Great Transition: Political and Social Change in the Republic of China* (Taipei: SMC, 1989), p. 230; Allen S. Whiting, 'Morality, Taiwan and US Policy', in Jerome Alan Cohen, Edward Friedman, C. Harold Hinton, and Allan S. Whiting (eds), *Taiwan and American Policy* (New York: Praeger, 1971), p. 86; A. Doak Barnett, *China and the Major Powers in East Asia* (Washington DC: Brookings Institution, 1977), p. 244; Shirley W. Y. Kuo, *The Taiwan Economy in Transition* (Boulder, Colo.: Westview Press, 1983), p. 14; Nancy Bernkopf Tucker, *Taiwan, Hong Kong and the United States, 1945-1992: Uncertain Friendships* (New York: Twayne, 1994); A. James Gregor and Martin Hsia Chang, 'Taiwan: The "Wild Card" in US Defense Policy in the Far Pacific', in James C. Hsiung and Winberg Chai (eds), *Asia and US Foreign Policy* (New York: Praeger, 1981); Victor Marchetti and John D. Marks, *The CIA and the Cult of Intelligence* (New York: Alfred Knopf, 1974), pp. 302-3; Ray Cline, *Secrets, Spies and Scholars: Blueprint of the Essential CIA*

(Washington DC: Acropolis Books, 1976).

10. United States Senate, Committee on Foreign Relations, *Report on Mutual Defence Treaty with the Republic of China*, 8 February 1955, Senate, 84th Congress, 1st Session, Executive Report no.2, (US Government Printing Office, 1955), p. 8; Department of Foreign Affairs and Trade, Canberra, *Current Notes on International Affairs,* vol.22 (7), 1951: 375.

11. *China Yearbook 1978*, p .33.

12. Michael McClintock, *Instruments of Statecraft* (New York: Pantheon, 1992), p. 45; Cline (1976).

13. 二〇〇二年九月至十月間，聯合副刊上出現了不少有關「民航空運隊」是不是國民黨營之「中國航空公司」的討論。「民航空運隊」簡稱「民航隊」(CAT)，創辦人是陳納德將軍，他也是該公司的董事長和總經理。作家王璞根據陳香梅所撰文字（《傳記文學》，二〇〇二年二月號，頁 38-41，以及《繼往開來——陳香梅回憶錄Ⅱ》，頁 192-7）確認：抗戰時已有中國航空公司和中央航空公司，民航隊是勝利後所創辦的。請參閱聯合副刊，12/9/2002，6/10/2002，8/10/2002。

14. Cord Meyer, *Facing Reality* (New York: Harper & Row, 1980); Allan Michie, *Voices Through the Iron Curtain* (New York: Dodd Mead, 1963).

15. M. S. Dobbs-Higginson, *Asia-Pacific: Its Role in the New World Disorder* (London: Longman, 1994), p. 152.

16. Marchetti and Marks (1974), pp. 156-7; Ray S. Cline, *Chiang ching-kuo Remembered* (Washington DC: United States Global Strategy Council, 1989), pp. 50-1.

17. Memorandum by Secretary of State Dulles, 23 August 1958, *FRUS* 1958-60, XIX, China, pp. 69, 280.

18. Marchetti and Marks (1974), p. 158.

19. 同上。

20. Roy Godson, *Dirty Tricks or Trump Cards: US Covert Action and Counter Intelligence* (London: Brassey's, 1995), pp. 152-3.

21. Cline (1976), p. 174.

22. Gary Rawnsley, in Jan Melissen ed. (1998).

23. Marchetti and Marks (1974), p. 158-60.

24. Kerr (1966), pp. 402-3 and 382; Marchetti and Marks (1974), p. 300.

25. *The China Handbook, 1953-4,* p. 197.

26. *FRUS,* 1958-60, XIX, China, pp. 7-15.

27. 同上，頁 23-7 。

28. 同上。

29. John F. Copper, *The Taiwan Political Miracle* (Lanham, Md.: University Press of America, 1997), p. 512.

30. Morton (1986), p. 64; Zhong-ping Feng, *The British Government's China Policy, 1945-1950* (Keele: Ryburn Publishing, 1994).

31. Remarks by Bevin, Minutes of Cabinet Meeting, 24 April 1950, CAB 128/17, Public Record Office, Kew, UK. Reproduced in David McLean, 'American Nationalism, the China Myth, and the Truman Doctrine: the Question of Accommodation with Peking', *Diplomatic History* 10 (1), 1986: 25-42 (28).

32. H. Maclear Bate, *Report from Formosa* (London: Eyre & Spottiswoode, 1952), p. 105.

33. Quoted in Michael Shea, *To Lie Abroad* (London: Sinclair-Stevenson, 1996), p. 41.

34. G. R. Berridge, *Talking to the Enemy* (London: Macmillan, 1994), p. 47; Francis Williams, *A Prime Minister Remembers: the War and Post-war Memoirs of the Rt. Hon. Earl Attlee* (London: Heinemann, 1961), pp. 231, 237, 239.

35. Stephen E. Ambrose, *Eisenhower: Soldier and President* (New York: Simon & Schuster, 1990), pp. 374-5.

36. 同上，頁 380 。

37. 同上，頁 382 與 385 。

38. Zhisui Li, *The Private Life of Chairman Mao* (London: Arrow, 1996), p. 270; Gaddis (1997), p. 250; Isaac Deutscher, *Russia, China and the*

West, 1953-1966 (Harmondsworth: Penguin, 1970), p. 229.

39. Gaddis (1997), p. 250.

40. 同上。

41. FRUS, 1958-60, XIX, China, p. 451.

42. 同上，頁 168-71。

43. The China Handbook, 1953-4, p. 203.

44. The China Yearbook, 1958-9, p. 182.

45. Memorandum by Secretary of State Dulles, 23 August 1958, FRUS, 1958-60, XIX, China, p. 69, pp. 40-2.

46. 同上，頁 42-3, 79-80 與 224-5。

47. 同上，頁 467。

48. 同上。

49. 同上；Memorandum from Assistant Secretary of State for Far Eastern Affairs (Parsons) to Secretary of State Herter, 10 August 1960, p. 707.

50. M. J. Peterson, Recognition of Government: Legal Doctrine and StatePractice, 1815-1995(London: Macmillan; New York: St. Martin's Press, 1997b), p. 206, n. 57.

51. 所謂的「不結盟運動」，與萬隆會議（Bandung Conference）有密切關係，此會在一九五五年四月召開，除了六個非洲國家之外，其他二十三個與會國皆來自亞洲。由於美蘇兩強的暗中角力，會

場上暗潮洶湧，不過對於意欲在兩個超級強權間保持中立的國家來說，萬隆會議達成了以下幾個結果：一、使許多新的政治領袖獲得步上國際政壇的機會；二、建立了在聯合國同進退的基礎，並藉由團結的動作，提高了他們的區域安全、國際地位與外交份量；三、使超級強國必須對他們加以重視，並對他們的政策予以尊重；四、同時他們也認識了新中國的領導人之一（周恩來），發現他並不可怕，大可考慮將中國納入成為一分子。

52. James C. Hsiung, 'China's Recognition Practice and its Implications in International Law', in Jerome A. Cohen (ed.), *China's Practice of International Law* (Cambridge, Mass.: Harvard University Press, 1972), p. 26.

53. *The Times* (London), 3 December 1949, p. 1; Peterson (1997b).

54. Henry Kissinger, *Diplomacy* (London: Simon & Schuster, 1994), pp. 703-32.

55. 同上，頁 721。

56. Stephen E. Ambrose, *Rise to Globalism: American Foreign Policy Since 1938,* 5th edn. (Harmondsworth: Penguin, 1988); Walter Isaacson, *Kissinger: A Biography* (London: Faber & Faber, 1992); Kissinger (1994); Berridge (1994).

57. Chiao-Chiao Hsieh, 'Pragmatic diplomacy: foreign policy and external relations' in Peter Ferdinand (ed.), *Take-off for Taiwan?* (London:

RIIA, 1996), p. 68.

58. 'Lee asserts ROC resolve to take part in world affairs', *Free China Journal* (以後簡稱為 *FCJ*), 12 September 1997; 'Beijing rains on Panama's parade', *The Guardian* (London), 9 September 1997; 'APEC ministers joust over ROC status issue', *FCJ*, 29 November 1996.

59. Harry Harding, *A Fragile Relationship: the United States and China Since 1972* (Washington DC: Brookings Institution, 1992), pp. 100-2.

60. 同上。

61. Steve J. Hood, *The Kuomintang and the Democratization of Taiwan* (Boulder, Colo. : Westview, 1997), p . 65.

62. Taiwan Relations Act, Public Law 96-8, April 10, 1979, 96th Congress; John F. Copper, *China Diplomacy: the Washington-Taipei-Beijing Triangle* (Boulder, Colo. : Westview Press, 1992), pp. 159-167.

63. 同上，頁 88-95; Copper (1997), p. 107; Francoise Mengen, *Taiwan's Non-Official Diplomacy.* Discussion Papers in Diplomacy no. 5 (University of Leicester, May 1995), p. 17.

64. J. Terry Emerson, 'The Taiwan Relations Act: Legislative Recognition of the Republic of China', *The Republic of China on Taiwan Today: Views from Abroad* (Taipei: Kwang Hwa Publishing, 1990), p. 226.

65. Tien (1989), pp. 235-6.

66. Mengen (May 1995), p.17; Copper (1992); James C. Y. Shen, *The US and Free China: How the US Sold Out Its Ally* (Washington DC: Acropolis, 1983), pp. 269-78.

67. 'ROC reacts to Clinton's remarks by calling for greater global role', *FCJ*, 30 October 1997.

68. Ralph N. Clough, *Reaching Across the Taiwan Strait: People-to-People Diplomacy* (Boulder, Colo.: Westview Press, 1993), p. 183; Gary Klintworth, *New Taiwan, New China* (Melbourne: Longman, 1995), p. 69.

69. Bruce J. Dickson, *Democratization in China and Taiwan* (Oxford: Clarendon Press, 1997), p. 30; Copper (1996), p. 191.

70. *South China Morning Post* (Hong Kong), 9 October 1991.

71. 'ROC reacts to Clinton's remarks by calling for greater global role', *FCJ*, 30 October 1997.

72. 'How America Sees China', *The Economist*, 25 October 1997, pp. 29-30.

73. 'Jiang pledges China to UN covenant on human rights', *Daily Telegraph,* 27 October 1997.

74. 'Albright denies US has been too soft with China', *Daily Telegraph,* 27 October 1997.

75. 'Clinton U-turn as he defends US links with China', *Daily Telegraph,*

25 October 1997; White House Press Release of remarks by the President on China and the National Interest, 24 October 1997.

76. 'ROC reacts to Clinton's remarks by calling for greater global role', *FCJ*, 30 October 1997.

77. 'Tepid Engagement', *Free China Review* (以後簡稱爲 *FCR*), 48 (3), March 1998, p. 45.

78. 'Why I'm Going to Beijing', *Newsweek*, 29 June 1998, p. 168.

79. 'Taiwan Watches Nervously', *The Economist*, 4 July 1998, p. 72; 'ROC keeping close watch on Clinton-Jiang summit', *FCJ*, 26 June 1998.

80. 'Taiwan Watches Nervously', *The Economist,* 4 July 1998, p. 72.

81. Klintworth (1995), p. 20.

82. 陳水扁在總統就職演說中，提出了「四不一沒有」的主張，宣示不改國號，不宣布獨立，不推動統獨公投，不將兩國論入憲，以及沒有廢國統綱領的問題。因此有人認爲，陳水扁之所以提名呂秀蓮爲副總統，分別扮演「白臉」和「黑臉」的角色，意在安撫民進黨的傳統選民，因爲呂秀蓮向以抨擊北京政權不假辭色，以及宣揚台灣獨立不遺餘力而著稱。兩人上任以後，媒體曾一再披露副總統的意見和片面宣布的主張，雖然陳水扁否認有這樣的「黑白臉」策略，但藉由選擇呂秀蓮爲副總統，以便拉住民進黨較爲激進的選民，穩定他們的票源，卻非不可能的思考。不消說，呂秀蓮抗議媒體一再扭曲她的談話，不過對媒體而言，副總

統畢竟提供了充滿戲劇性的新聞題材,因此始終能在媒體上維持高可見度,令人驚嘆。

陳水扁在二○○二年七月接任民進黨主席之後,改變了就職總統當初的溫和立場,開始採取較爲激進的路線,例如,提出「一邊一國」、「公投決定台灣前途」、「走自己的路」等,很可能都是一種「選舉語言」,旨在爲二○○四年的大選鋪路,而非對兩岸關係的最終決策,因此當華府與北京反應激烈時,民進黨和陸委會也開始分頭降溫,指出「一邊一國論」等於「主權對等論」,「台灣自己的路」也不是台獨,而是「民主之路、自由之路、人權之路、和平之路」。

83. 'Is Taiwan really a part of China?', *The Economist*, 16 March 1996, p. 72.

第二章

外交與政治宣傳

Taipei

Taiwan

本章摘要

* 「非官方外交」在最低限度上，幫助台灣維持政治現狀和經濟繁榮，並避免更進一步的政治孤立。

* 台灣的「非官方外交」，與一般的傳統外交並無很大不同。從柯林頓主政時期，台北與華府間為數可觀的官方協定，以及雙方高層人士的一系列非正式互訪看來，不正式承認的問題固然是一種阻撓，卻不是建立有效外交關係無法突破的障礙。

* 但缺乏正式的外交關係，畢竟還是深深影響了中華民國的外交工作，此一情況增強了政治宣傳的必要性，因為被迫實施非官方外交的國家失去正常的外交途徑，不得不運用替代性的辦法來表達意見，傳播訊息，利用所有可能的宣傳方法突顯自己政府的形象，推銷他們的政策。當情況更加惡劣時，有時更不得不將政治宣傳當成外交手段，以便在充滿敵意的環境裡尋找生機，而中華民國的政治宣傳工作便是由新聞局負責主導。

* 政治宣傳必須和國家的政策一致，因為政策與政宣間若不能同步，結果將是可信度的嚴重損失，而政治宣傳若要有

效，就必須建立可信度，因此必須配合適當的制裁或誘因加強其效力。

* 「經濟外交」與「政治宣傳」的關係難分難解，是加強兩國非正式關係的一種手法。截至目前為止，台灣的經濟強勢成為中華民國從事政治宣傳的重要籌碼，但值得注意的是，此類外交手法有其負面的影響，例如，某些小國便曾利用轉向承認北京為要脅向台北敲詐！因此以此為基礎而建立的邦交關係也格外不穩定。

* 政治宣傳要發揮功效，對受眾便需有足夠的瞭解，然後適度調整政治宣傳的訊息及傳達的方式。政治宣傳必須與事實一致，或至少必須與受眾所接受的事實一致。

* 最有效的政治宣傳應採取「水平式」傳播法，即鎖定對信息最能產生認同的受眾下工夫，以便加強既存的信念、態度和觀點。此一方法的執行，有賴一個具備遠見之政宣結構的組成，其中需要建立一套適當的回饋機制，以便有效且準確評估國外的大眾輿論及政治風向；其次，每一個訊息都應受到政宣單位的傳達，因為當每一個許下的承諾或威脅都能受到執行時，政治宣傳才是真實可信的，所以政治宣傳家應被納入最高的決策階層中。

* 文化和經濟、軍事、外交一樣，都是提昇國家利益的方法，因為當民眾受到國外文化較多的暴露時，對那個國家

往往可能產生較深的同情與瞭解，因此「文化外交」所提
供的政治宣傳機會不應受到忽略。

* 中華民國對來自北京的政治宣傳應該以牙還牙嗎？短程上
來說，反政宣可能得不償失，因為往往只會讓反面的訊息
受到更多注意，並使對方防衛得更加嚴密；但就長程而
言，反政宣仍屬必要，中華民國必須以合理的反駁減低攻
擊來源的殺傷力，同時也要避免使之淪為無效的口號。中
華民國對主權的堅持、對中華文化的承傳，以及對北京
「一國兩制」模型的反對，都可以用這個角度加以解讀。

* 駐在無邦交國的海外新聞官應如何接近使用地主國的媒
體？如何吸引對中華民國足夠的關注？過去十年來，中華
民國開始選擇避免強硬、情緒性的政宣修辭，改以強調自
一九八○年代末期以來的政治及社會改革成就，開始出現
了令人振奮的效果。這些外交及政治宣傳上的努力，促使
媒體創造了「學位外交」（diploma diplomacy）的標籤，也
刺激北京當局以「人權外交」（human rights diplomacy）及
「民主外交」（democracy diplomacy）[1]等名詞加以回應。

* 長久以來，中華民國官方政治宣傳所投射出來的，一直是
一種特定的世界觀，也就是國民黨的世界觀。台灣自一九
八七年後所推動的政治民主化過程，是一項驚人的成就，
使統治台灣五十多年的中國國民黨，終於在二○○○年的

總統大選失去了領導地位，然而民主文化仍需更深的粹煉
與整合，政權轉移的世代交替才能平順地徹底落實。

* 中華民國採用了一系列的外交與政宣手法來強化對外關
係。對外政宣固然並不能說就是外交，但對僅有少數正式
外交關係的國家來說，卻是從事外交的必要助力。政治宣
傳能夠超越國界，因此也就超越了國家主權的範疇，是現
代國際關係有效的工具之一。雖然面臨許多阻礙，中華民
國仍以創新的方法，向鎖定的目標傳達了他的訊息。

* 雖然有人認為，目前和中華民國建立正式邦交的，都只是
小而不重要的國家，可是「數量」卻有其重要性。一個國
家必須和二十到三十個國家建立官方關係，才能具有被視
為一個國家的基本資格。

他們能同意簡簡單單就讓這樣的經濟潛力浪費掉嗎？雙方都不做這樣的打算。

——饒大衛（David Rowe）解釋為什麼日本

與中華民國在一九七二年斷交後，

隨即建立非正式關係。[2]

一九九六年十二月，中華民國與三十二個國家享有正式的外交關係，但到一九九八年四月時，這個數字卻降到二十八，其中最大也最重要的邦交國是南非共和國（Republic of South Africa）。南非一直與台北保持領事關係，且於一九七六年提昇至大使層級，雙方的情誼並沒有任何破裂的跡象，曼德拉總統（Nelson Mandela）也一再表示，他的政府不會犧牲台灣轉而投靠北京。[3]

然而在一九九七年十二月三十一日，普勒多利亞（Pretoria）卻宣布正式承認中華人民共和國，並與北京發表一份聯合聲明，宣稱「中華人民共和國是代表全中國唯一的合法政府」，南非「承認台灣是中國不可分割的一部分」。[4]於是中華民國駐普勒多利亞的大使館，從此變成了台北聯絡代表處（Taipei Liaison Office），反映出南非禁止繼續使用中華民國稱號的決定，同時在台灣本土也做了相對的安排。不過雙方都認為領事館仍有繼續存在的必要，雖然這有可能被誤認為官方承認的象徵。曼德拉在一九九六年十二月四日對中

華民國外交部長章孝嚴說，南非「意欲和中華民國保有在全面外交聯繫以外可能的最高層級關係」。[5]

　　此乃問題的癥結：因為台灣的國際地位如此含混，許多國家對於全面承認中華民國，不禁感到卻步，因為他們寧可和其中之一建立正式的外交關係，但同時也和另外一方維持良好友誼以便追求最大的利益。遣詞用句——在任何型式的外交都極重要的一環——反映了這種保持彈性的渴望，所以多數與中華民國維持關係的國家，都使用「認可」、「尊重」、「瞭解」或「注意到」這類的字眼，而避免更正式的「承認」。[6]像中華民國這樣受到非承認問題所阻撓的政府，外交工作困難重重，不得不與國際社會推展非官方關係。不過富萊區（M. D. Fletcher）對所謂非官方或彈性外交所能達到的成就，卻感到相當保留：

　　　　任何希冀台灣的彈性外交將能有如踏腳石般，導致更親蜜與多樣化的聯繫，從而再到外交關係的企圖，都會受到此過程邏輯的限制，因為不僅大多數國家會繼續向中華人民共和國投靠——此乃造成需要「彈性外交」的本因……，同時他們將發現與台灣的非官方關係已足敷他們的需求。當彈性外交的「彈性」已具備足夠的效力時，外交上的承認也就被視為多此一舉了。[7]

　　與南非所發展的非正式外交關係尤富啓發性[8]：一九九六年，中華民國是南非第六大貿易夥伴，南非是中華民國在非洲最大的貿易夥伴；南非是台灣消費品的主要出口市場，台灣則從南非進口煤和鈾。根據不同的數據來源，台灣資本在南非所擁有的工廠由一百二十家至超過二百八十五家不等[9]，此外也有報告指出，兩國間有軍事情報及核子研究的合作計畫。[10]由於彼此的利害交錯，難怪一開始雙方都急於向對方保證，中華民國外交地位的改變將不會影響雙方的關係[11]，正如李登輝於一九八八年七月自新加坡返國時所說的：「當一個國家想和北京建交時，並不表示中華民國即須和那個國家斷絕一切往來。換句話說，北京在外交上的得，並不一定要跟過去一樣，被視爲中華民國全盤的失。」[12]這便是彈性外交。不過一九九七年版的《中華民國英文年鑑》，卻爲這種樂觀主義蒙上懷疑的陰影，擔心斷交的動作將會危及與南非緊密的經濟臍帶。[13]果然，九七年底當普勒多利亞宣布與中華民國斷交後，台北方面也決定取消三十六項與南非建立的互惠經濟協定，其中包括台灣財團在南非一家石化廠的投資計畫，也就是說，本來應該很單純的商業契約，因爲外交部所做的政治決定而告破滅。證據顯示，這可能便是非官方外交結構的特徵之一，例如，我們也知道，當與中華民國切斷正式外交關係後，紐西蘭政府便「主導」著與台灣的「私人」

商業關係。[14]

　　有人將台灣形容為「富裕的流浪漢」，傳神捕捉住其做為一個經濟大國，在這個互賴性愈益增強的世界所面臨的窘境。[15]冷戰結束後所逐漸成形的國際新秩序，需要以一種更富彈性的態度面對外交政策，從前將外交視為一種零和賽局（zero-sum game）的時代已經過去，中華民國往往能以經貿上的妥協建立半外交關係。舉例來說，他申請加入亞太經合會與關稅貿易總協定（General Agreement on Tariffs and Trade，簡稱GATT），受到許多國家的支持，因為這些政府認為APEC和GATT的會員資格，將能打開台灣受到保護的傳統市場，促進國際貿易。[16]

　　但也有一些國家相當謹慎，例如，當台北駐澳大利亞代表處（Taipei Economic Cultural Office in Australia）被稱為「遠東貿易公司」（Far Eastern Trading Company）時，澳洲參議員歐奇（William O'Chee）便曾戲謔說：「聽起來彷彿只是一個賣麵攤子似的。」[17]可是當它由「貿易公司」更名為代表處，在一九九一年於坎培拉（Canberra）成立時，澳洲外長則提醒道，這「並不暗示著澳洲背離堅守一個中國政策的立場」。[18]在台灣要求紐西蘭隨著美國與日本提高對台關係時，紐國外長諾瑞胥（Merwyn Norrish）也表明：「紐西蘭以與北京的聯繫為優先，將不會冒險危及此一關係。」[19]同

樣的，當加拿大國際貿易部長抵台訪問時，也指出此行「不代表改變或牴觸加拿大的一中政策」；到一九九六年時，中華民國已分別在多倫多、溫哥華及渥太華等地設有代表處，全叫做台北經濟文化辦事處（Taipei Economic Cultural Office）。此外，新德里（New Delhi）也在一九九五年成立了一個台北經濟文化中心，爲印度政府到中華民國互惠開設的印度台北協會（India-Taipei Association）鋪路。[20]中華民國並在一九九二年和俄羅斯達成一項漁業協定，從而將之視爲外交上的重大突破，不過俄羅斯方面卻十分低調，形容此協定「只不過是低層次的商業交易罷了」，同時俄羅斯外交部發言人也指出：「我們談的不是一種政府間的協定。俄羅斯視台灣爲中國的一部分。」[21]對許多國家來說，惹惱北京的政治代價，顯然比和台北發展經濟關係更爲重要。

章孝嚴的一席話，充分反映了這種模糊性，他說：

中華民國的官方外交關係，並不能反映其對外關係的全貌。中華民國（在一九九七年一月時）在正式邦交國裡建有三十個大使館，五個總領事館，還有第六個總領事館在另一個國家。此外，中華民國在六十五個並不正式承認台北的國家裡，設有六十四個代表處與三十二個協調辦事處。[22]

中華民國再也不想強迫其他國家在台北和北京之間做抉擇，彈性做法使以往躊躇不前的政府在保持與北京的正式關係之餘，也和台北有了進一步交往。[23]正如翁松燃教授一九八四年所寫的，台灣「是一個獨特的國際實體，以一種半官方的方式被授予實質而非全面的外交承認」。[24]

　　這便是中華民國所發展的「非官方外交」。自從他在一九四九年退守台灣以來，尤其是當他在一九七一年退出聯合國，以及美國在一九七九年承認中華人民共和國之後，即不得不然爾！也許非官方關係在最低限度上，幫助了台灣「維持政治現狀和經濟繁榮，並避免更進一步的政治孤立」[25]，但此一看法卻也忽略了一個事實，即中華民國更積極的外交風格，其實是為了打破現狀而設計，是針對中華人民共和國在一九八四年所提出的「和平進犯」——兩個中國可以在一國兩制的原則下統一——而做出的回應；中華民國以雙重承認的政策加以反擊，企圖和已經承認中華人民共和國的政府也建立較正式的關係。現狀已經被李登輝一九九五年充滿爭議的訪美之旅，以及中華民國自一九九三年起所積極展開，但至今尚未成功的重返聯合國運動所打破[26]；彈性外交允許今天的中華民國和更多國家保持更有利的接觸。[27]對中華民國來說，這當然不是最好或最理想的解決之道，卻也絕非最壞的選擇，事實上，有人認為和主要強權維繫這種非官方的

關係，比和藐爾小國建立正式邦交不但更加值得，也更爲重要。[28]

非官方外交如何運作？

　　具有國際正統地位的國家，與其他國家享有充分且正式的外交關係，並能加入爲數可觀的政府性組織；但不被承認具有合法性的政權，卻喪失了許多和他國在官方基礎上互動的機會。事實上，後者往往需要從事所謂的「非官方外交」，因此非官方外交通常（但非必然）也都與被孤立的國家有關，無論這種孤立是出於自願，或是外力強制的結果。然而有關此一主題的文獻，都未能反映這種政治現實：霍斯提（K. J. Holsti）認爲任何國家的孤立，都是該國本身的意志使然，忽略了強制性的放逐（enforced ostracism）[29]；哥登惠（Deon Geldenhuys）的分析則又過於強調基於道德標準而採取的強制放逐，使之無法適用於中華民國的案例[30]。所以截至目前爲止，此議題最平衡的分析，首推彼得森（M. J. Peterson）由歷史與法律視角出發的《政府的承認》（Recognition of Governments）[31]一書。

　　台灣非官方外交的特徵，與傳統外交極其相似，他與其

他國家的接觸規律而密切，由散布在世界各國、數量龐大的
代表處加以執行。與一般披以「掩護」功能（如貿易）而被
稱爲「外交前線」（diplomatic fronts）的代表機構不同，這些
代表處在目的與方法上，都公開執行外交的實務，運用比一
般外交前線組織更龐大的人員與資源來辦理外交。[32]由於國
際政治氣候的關係，這些代表處不得不在稱號上使用「台北」
的字眼，因爲「台灣」被視爲具有獨立的暗示，而「中華民
國」又顯然會觸怒北京。[33]

　　透過這種外交方式，中華民國影響其他國家的政策選
擇，合作化解彼此的歧見，因此除了名分與正式架構之外，
台灣的非官方外交，與國際上所謂「正統」國家所追求的外
交其實並無很大不同。[34]當日本在一九七二年九月正式承認
中華人民共和國後兩個月內，台北和東京即互設辦事處，重
拾原來由兩國大使館所負的任務。[35]此一「日本模式」因允
許兩國關係的彈性而著稱，其中的要素包括接受北京爲中國
的唯一政府（因而不能承認中華民國），但同時也允許透過
非官方辦事處，繼續和台北保持實質的商業與文化交流[36]，
從而形成中華民國非官方外交的架構：

> ……在可能的情況下，台灣將與承認北京的國家同時
> 建立正式的外交關係，與歐洲及亞洲的共產國家搭建
> 非官方的經濟與商業聯繫，與不能建立外交關係的國

家提昇官方接觸的層級，並以「中華台北」（Chinese Taipei）或「中國台北」（Taipei China）的名義重新加入國際性組織。[37]

從柯林頓主政時期，台北與華府之間由貿易至移民、軍售至教育、郵政至技術合作等為數可觀的官方協定，以及兩國之間高層人士的一系列非正式互訪看來，不正式承認的問題固然是一種阻撓，卻不是建立有效外交關係無法突破的障礙。[38]柯林頓的一位幕僚便曾指出，這種非正式的關係，「比我們和許多邦交國的聯繫還更密切、多產」。[39]此外，中華民國和紐西蘭間高層互訪的人次也不斷增加，雖然這些訪問都被定義為「非官方」的性質，卻不妨礙代表團就雙方認為極具重要性的議題加以討論。[40]這些事實與彼得森對非官方外交的評價可謂不謀而合，也如以色列首位駐北京大使舒夫特（E. Zev Suffott）所曾表示的，官方關係所帶來的是一種「量」而非「質」的利益；換句話說，會受到影響的，是雙邊協定數目的大小，但卻不是協定的內容本身。[41]

寇恩（Raymond Cohen）曾說：「外交制度之所以存在，最重要的理由之一，便是希望受到國際社會成員的承認與接受。」[42]傑夫‧貝里區（Geoff Berridge）認為此一觀點「暗示著失去此一希求，外交幾乎不再可能，但卻有許多事例提出了反證，譬如清廷與西方強權的交往，以及奧圖曼帝

國（Ottoman Empire）與西方強權間的關係」。[43]台灣的個案顯然也為貝里區的論述提供了強而有力的佐證——雖然處於缺乏多數強權正式承認的情況之下，他仍能追求自創一格的（非）官方外交。

然而，如果以為缺乏正式的外交關係，並不影響中華民國的外交工作，則未免過於天真。在《美國與自由中國：美國如何出賣盟友》（*The US and Free China: How the US Sold out its Ally*）一書裡，前駐美及駐澳大使沈劍虹便曾指出，在中華民國與澳洲斷交之前，他曾享有接近澳洲外交部長的權利，而當他駐美的期間，也常有接近尼克森、季辛吉等人的機會。許多高層政治人物定期向他簡報有關美國——中國——中華民國的三角關係，他也被視為府對府間重要的溝通橋樑，他說：「重點是，永遠要見最上層的人……。」[44]但當美國與中華民國的關係逐漸走向下坡，特別是當福特（G. Ford）與卡特（J. Carter）大幅推動和北京的關係時，他與美國高層官員接觸的機會也便開始明顯受阻，但在另一方面，中華人民共和國協調辦事處的優勢卻有明顯的提昇。

此一情況增強了政治宣傳的必要性，因為被迫實施非官方外交的國家失去了正常的外交途徑，不得不運用替代性的管道來表達意見，向全球受眾傳播訊息，利用所有可能的宣傳方法突顯其政府的形象，並推銷他們的政策。但貝里區發

現，不被正式承認的問題，其實也會讓非官方外交變得棘手，尤其如果那個民族、國家或政府並不是聯合國的一員時，他甚至無法參與各種非正式集會，例如，在聯合國走廊的聚會，或者友邦要員的喪禮等。一九七五年出席蔣介石喪禮的重要外賓僅有南韓總理金鍾泌（Kim Jong Pil），以及中非共和國（Central African Republic）首相多米提恩（Elizabeth Domitien）；美國代表團原計畫由農業部長布茲（Earl Butz）領隊，但在中華民國朝野的抗議之下，改由副總統洛克斐勒（N. Rockefeller）率團。同樣的，一九八八年出席蔣經國喪禮的高層外賓僅有南韓總理金貞烈（Kim Chung Yul），以及多明尼加共和國（Dominican Republic）總統西格諾里特（Clarence Segnoret）。[45]對這樣的國家和政府而言，有時確不得不將政治宣傳當成外交手段，以便在充滿敵意的環境裡，為生存形塑一套策略架構，迎接反政宣（counter-propaganda）意圖孤立、醜化的挑戰。[46]

分析架構

倘使你對我們視若無睹，我們如何自我陳述？……我們一向

做了什麼？沒有人知道。

　　——陳建勝，台北駐英代表處新聞組主任

　　一九九七年三月二十五日

　　想瞭解外交官如何運用政治宣傳，最好的辦法是將政治宣傳視爲一個更龐大、更複雜、更重要，但並不勢均力敵的外交競賽中的一環。本書所採用的個案，是中華民國與中華人民共和國之間的競賽。這種爲了贏得國際受眾「心與意」的競爭，已在政治與外交層面之外，同時衍生出了一種不同型式的競爭面相，而此一新的競爭型態，在許多方面都具有不平等的性格——因雙方國際地位的差異，所能引發的公眾與政治興趣程度不一；在第三國與多國性組織中，所能獲得接近政府機構的難易度不一、機構的層級不一；在媒體圈所能激起的興趣，以及接近使用媒體的程度亦不一。這種不平等的差距，最終取決於第三國或多國性組織意欲和哪一方建立或拒絕外交關係的政治意願。近來的發展顯示，受到媒體注意的程度，會正面影響外交受益的程度，如一九九七至九八年間，日本和台北的關係有所增進，而日本媒體對台灣報導的增加，則爲導致此關係提昇的要素之一。[47]

　　賽場的不平等，使政治宣傳成爲台灣非官方外交必要的助力，須以短、中、長程加以規劃。政治宣傳的腳步，與外

交的目標及環境皆有關聯，如以瞭解西班牙公共資訊為目的的美國委員會首腦（Head of the American Committee on Public Information in Spain）多爾西（George A. Dorsey），在一九一八年對華府長官報告時便曾指出：「你必須將注意力放在一個特定的問題上：什麼工具能夠打破硬殼？然後火速將那個工具送到這裡！」[48]組織機構必須隨著所處外在環境的改變而調整，儘管對此過程的掌控絕非輕而易舉；任何組織的結構性特徵——包括歷史、慣例與人事等——都可能抗拒改變，從而阻礙調適的能力，造成「組織的惰性」。[49]中華民國所處的外在環境不斷快速變遷，因此他有必要經常檢討其政宣組織及目標，是否也做了適度的調整加以回應。新聞局或許對刻正採用的部分非官方外交方法過於自滿，因而忽略了隨時修正組織和目標的必要，但每個政府都會發現，無論他在一個國家享有什麼樣的外交地位，對友善且有認同感的社會大眾提倡自身的訴求，要比面對頑固而有敵意的大眾容易得多。

政治宣傳必須和國家的政策一致，正如莫根梭所觀察到的，所謂「政治戰」（political warfare）的活動，「只不過是在思想領域裡，對其所支持之政治和軍事政策的一種反映。……它藉由這些政策的品質獲得力量」。[50]所以一個根本的問題是，中華民國究竟欲藉政治宣傳達到什麼目的？答案有賴

受眾的本質而定。很顯然的，在一九九七年與南非斷交之前，針對南非而發展的政治宣傳，和針對中國大陸的政治宣傳自將大相逕庭。又，向國外人士解釋台灣的戒嚴法，一向是駐外代表十分棘手的差事，尤其西方媒體對此常做負面報導，因此解嚴之後，政策的改變賦予了政治宣傳許多正面的內容。但無論如何，政治宣傳的目的，便是希望能夠提昇中華民國在國際上的形象，從而促使建立更良好的外交關係：「一位新聞局代表發現，戒嚴法是國外人士所知道有關台灣的少數事項之一，因此改變這個形象，將會造成很大的不同。」[51]

　　瞭解「政治宣傳」與「外交」必須互相扶持，是關鍵的所在；它們之間的關係是一種共生而非寄生的狀態。一旦政治宣傳的策略決定，且與政治和外交的目標達成一致後，確保國家政策與政治宣傳間的協調，實乃重要無比，尤其如果其間涉及了某種威脅或承諾的話。倘若政策與政宣之間不能同步，結果將是可信度的嚴重損失，受害的不只是眼前與未來所規劃的政治宣傳，更將是整體外交努力的失敗。政治宣傳若要有效，就必須建立可信度，因此必須配合適當的制裁或誘因加強其效力，正如下文所將顯示的，自從美國於一九七九年正式承認北京之後，中華民國若以揚言制裁行動對某個國家施壓，所獲得的效果將十分有限，於是他乃以「美元」

或「經濟」外交做爲承認的獎勵或報復的手段。

　　經濟外交與政治宣傳的關係難分難解，不應被視爲獨立於非官方外交之外，但最好的方式，卻是將之視爲加強兩國非正式關係的一種手法。經濟外交的效力根據對承諾的履行而定，通常藉由國外援助加以實現，而這不僅能夠加強捐助者的公益形象，也透過忠貞和倚賴的關係，強化了與受惠者的政治聯繫。台灣的經濟強勢成爲中華民國從事政治宣傳的籌碼（是到目前爲止最有價值的一種），而毋需自我設限於口舌之爭，不過北京資深幹部還是對允許台灣資金在中國的直接投資將帶來腐敗的資本主義，提出嚴重的警告。[52]自一九八〇年代末期以來，當中國大陸面臨天災之際，中華民國一再施以援助，因此也博取了中華人民共和國政府及民衆的不少好感。國外援助已被公認爲對外政策的工具之一，曾被形容爲「平行的外交管道」[53]，捐助者之所以利用援助行動「展現對受惠者國內及／或對外政策的同情，表示聯盟關係，以及對面臨困難的友邦加以支持……」等，一方面固然是期望此一關係將能轉化爲政治影響力，但也因爲此一行動本身具有極高的政宣價值所致。[54]不過，施予外援和爭取更大的政治影響力之間，仍有相當明確的從屬關係：中華民國的農業與技術協助計畫，是爲了確保受惠國[55]支持其在聯合國的地位而設計，但喪失了聯合國席位之後，中華民國不得

不重新展開援助計畫以達到三項政治目的：說服方剛獨立的
政府承認中華民國；懲惡其他政府疏遠北京；爭取對中華民
國重返聯合國的支持。[56]

　　一九九七年五月，北京指責中華民國以三千萬美元的援
助經費，做爲交換聖多美普林西比（Sao Tome and Principe）
外交承認的代價，而這種「美元外交」的指控，也一直是中
華民國亟欲擺脫的形象。[57]有趣的是，當幾內亞比索
（Guinea-Bissau）在一九九八年四月正式承認中華人民共和國
時，台北也對北京做了類似的指控：「根據報導，（中國）
大陸向資金窘迫的幾內亞比索提供了一億美元，做爲其轉換
外交承認的誘因。」[58]不過，中華民國本身將國外援助和對

■ 胡志強博士與作、譯者合影（國民黨文工會辦公室攝）

外政策目標之間做了明確的政治聯繫，因此一九九七年九月，當他在拉丁美洲三位最堅定的盟友——聖文森（Saint Vincent）、巴拿馬與巴拉圭（Paraguay）——決定不為中華民國重返聯合國的提案發言時，台灣的在野立委同聲譴責，認為「政府的經濟援助計畫沒有回收」[59]，中華民國外交部長胡志強也表示：「有些國家不能重視我們的好意。」[60]外交部近來設置了一筆大幅提高的財務經費，用來援助「友善的國家」，以便「對抗中共企圖孤立中華民國的熱切努力」。[61]於是海峽兩岸一再指控對方不擇手段，使「美元外交」既是一種政治宣傳的方法，也同時是政治宣傳的題材。

非洲從中華民國的援助計畫受惠最多，自從台灣的國際技術合作計畫於一九五九年展開以來，便不斷派遣技術團隊出國援助，並在台灣訓練非洲技術人員。一九六○年代間，非洲已成為北京和台北競爭影響力的核心地帶，雙方都以經濟協助和個人外交做為主要的對外政策工具。[62]到了一九七○年時，中華民國已遣送這種技術隊伍到過三十三個國家，其中二十二個位於非洲；十七年之後，只有模里西斯（Mauritius）、馬拉威（Malawi）和史瓦濟蘭（Swaziland）仍繼續接受來自中華民國的這類援助。到一九八○年時，來自中華民國超過兩千個技術團隊曾被送到全球五十個國家，從一九五四年至八四年之間，來自二十多個不同國家的七千五

百多人，曾在台灣受過訓練。[63]不過援助有其政治代價：當賴索托（Lesotho）和象牙海岸（Ivory Coast）在一九八〇年轉變承認對象時，中華民國幾乎立刻終止捐款，正如《英文自由中國評論月刊》（*Free China Review*）所警告的：「在外交上，你無法買朋友，只能用租的。」[64]一九九六年十二月，《亞洲週刊》（*Asiaweek*）也指出了類似的「弱點」，也就是此類外交可以產生反向的影響力──由收受者對捐助者的影響：

> 非洲、加勒比海（Caribbean）和南美洲的小國日漸發覺他們占了上風，利用轉向北京做要脅，他們可以向台北敲詐更多錢。到上個月（一九九六年十一月，外交部長章孝嚴）已經受夠了，（他）說台灣「將會拒絕那些企圖由現況獲利而提出不合理要求者」。[65]

政治宣傳與中華民國的世界觀

中華民國從前透過政治宣傳而呈現出來的世界觀是：他是全中國唯一的合法政府，有朝一日中國將能按中華民國的規劃條件而統一。此一觀點自然限制了他的可信度。冷戰期

間，台灣的政治宣傳很容易運用那個時期所熟知的語彙加以包裝，政治宣傳家們知道，此一做法最能同時吸引國內與國外的受眾。台灣所塑造的中華人民共和國，是全然負面的形象，目的是要說服人們相信中共是自由世界共同的邪惡敵手，必須受到嚴正的挑戰。這些設計包括塑造「典型」，以及採用替代性稱謂加強「典型」的印象，如以「紅色」代表共產黨，而一九五七至五八年的《中國年鑑》則更趨極端，將共產黨稱做「撒旦之子」。[66]又如亞洲人民反共聯盟（Asian People's Anti-Communist League）在一九六〇年所印製的《中國暴政十年》（*A Decade of Chinese Communist Tyranny*）一書，將「共產黨控制的地區」比擬為「獸籠」，認為「那些地區的民眾受到暴徒與漢奸無情的剝奪」，然後將「匪徒們」（「匪」字常被用來指稱共產黨，暗示其權力的非法性及其手法的的殘暴性）形容為「無人道且泯滅人性」——全書密密麻麻長達四百八十三頁，而光是第一、二段即出現了上述的諸般指控！[67]對於這些形象，西方強權，特別是美國，都輕易加以接受，尤其當共黨勢力入侵韓國、越南，並對金門與馬祖發動攻擊時，更強化了這種既定概念。

在另一方面，中華民國為自己塑造的形象自然恰恰相反，根據這套政宣策略，台灣是反共戰爭不可或缺的尖兵，與國際社會上具有相同擔當的其他國家並肩攜手（更詳細的

例子請見第三章）。政治宣傳的語氣、重點以及對外宣傳的
語言等，隨著冷戰的結束和彈性外交的引進，都出現了巨大
的變化。

　　中華民國對其世界觀的重新檢討，在一九八〇年代末期
形成了「彈性外交」的基礎，也有助於其政治宣傳。台灣的
世界觀已經改變，因為世界已經改變，尤其顯著的是，台北
已經學會如何因應北京暫時拋開「解放」台灣，但大力提倡
「一國兩制」的分化策略。[68]這種劇烈的轉變，加之以冷戰的
結束，在在影響了政治宣傳的技巧與內容，今天對北京的抨
擊大多較有分寸，並且佐以中華民國對大陸同胞的援助報導
為襯托，是政治宣傳與外交工作共同合作的極佳實例。在這
種情況下，中華民國所從事的是實際行動的政治宣傳，但同
時也進行一般人所熟悉的文字與書面宣傳，以便為國家或政
府組構出一個特別的形象，然後將之推銷給國外的受眾。

　　政治宣傳要發揮功效，對鎖定的對象便需有足夠的瞭
解，熟悉他們所處的政治、文化與社會環境，然後適度調整
政治宣傳的訊息以及傳達的方式。政治宣傳必須與事實一
致，或至少必須與受眾所接受的事實一致。喬治・克爾
（George H. Kerr）對於美國的政治宣傳相當不滿，形容許多
指令都是「在波多馬克河（Potomac）邊舒適的辦公室裡決
定的，和它們所針對的地區往往毫無關聯」，並指出在冷戰

期間，多數美國政宣活動的主題大同小異，完全不顧對象的特性。[69]因此將專業遊說團體的服務納入其中，有時是明智之舉，畢竟他們對受眾的文化背景有更深刻的瞭解，對於在某種特殊情況之下，什麼能對特定的受眾發生效力，往往有較充分的掌握。遊說團體還有一個額外的優勢，即能拉遠政府和政治宣傳的距離。[70]

　　政治宣傳家應該牢記一點，受眾通常會過濾那些與其既定觀點互相衝突的訊息，因此政治宣傳並無法奇蹟似地轉化大眾；此外，受眾往往會受到多種不同來源的影響——媒體、親友、教育、階級背景等——這些都會影響他們的接受度。再好的政治宣傳家，都會發覺要挑起並不存在的情緒及態度，即使不是完全不可能，也將是困難無比。最有效的政治宣傳應該採取「水平式」傳播法[71]，也就是說，政治宣傳家應該鎖定對信息認同，或至少很可能會有認同的受眾下工夫，以便加強既存的信念、態度和觀點。中華民國多數的海外政宣正是採取此一手法——透過政府所製作的媒體產品、私人接觸、交換訪問等，鎖定最可能有所同情或做出正面反應的團體或個人，而這些對象又多半是社群中的意見領袖，或者在職務上可能影響他人意見的個人（如學者、企業家、記者、政治人物等）。

　　此一方法的執行，有賴一個具備遠見之政宣結構的組

成。首先，僅能採用非正式途徑從事外交的駐外人員，因能
接近使用的資訊受到限制，所獲得的訊息往往並不完整，只
能對他們工作的環境提供片面的圖像，而非一般外交官賴以
充分發揮功能的「內線消息」。因此政宣組織需要建立一套
適當的回饋機制，以便有效且準確評估國外的大眾輿論及政
治風向。

　　再者，每一個訊息都應受到政宣單位的傳達，因為當每
一個許下的承諾或威脅都能受到執行時，政治宣傳才是真實
可信的。所以政治宣傳家應被納入最高的決策階層中，唯有
如此，政治家才能接近使用各種資訊，幫助他們瞭解決策對
特定對象所可能產生的影響，同時也使他們有機會聽取推廣
其行動及決議的最佳建議。以中華民國為例，新聞局長必須
出席行政院長主持的內閣會議，從而試圖確保政策與政治宣
傳維持一致的取向。

　　要瞭解政治宣傳與外交工作的關係，有必要檢驗政治宣
傳的架構，以及此一架構如何「嵌入」外交活動的組織之
中，因此本章下文將探討中華民國的新聞局——即負責中華
民國政治宣傳的機構——如何與外交部合作。此一結構上的
規劃，顯示了中華民國如何看待其非官方關係，例如，他投
資在歐洲上的資源遠遜於美國，由此可見中華民國對外政策
的優先順位。這些討論提供了重要的背景，使我們能夠據以

評估加強非官方外交的政治宣傳，與當傳統外交關係存在時所做的政治宣傳，彼此有何差異。

　　遠程性的外交目標需要一套長期的策略性政宣計畫，這種政治宣傳必須嚴謹，長期培養私人關係，以便將來能夠動員潛在或既存的同情者。以中華民國為例，其遠程目標包括：和愈多政府重新展開正式外交關係；對其地位重新定義，以便和中華人民共和國以平等地位加入國際社會；說服其他國家與大眾，中華民國值得受到全球的承認，中華民國應被允許重返聯合國；台灣正經歷著歷史性的政治與社會轉型，邁入現代憲政民主，而此乃國民政府遷台之前即已浮現的殷切期盼。[72]面對如此多重的目標，非官方外交的政治宣傳必須積極、主動且富想像力，執行者也必須把握所有可供他們運用的宣傳管道[73]，正如一位高層官員所曾表示的：「對台灣來說，對外關係好比一場叢林戰。如果我們全都遵守遊戲規則，根本連戰場都沒有了！」[74]

　　為了求生存，中華民國必須採取一套適應這種戰場環境的策略──此一戰場的特徵，乃是一方面受到反政宣的挑戰，另一方面在接近多國性組織、政府及媒體的管道上備受束縛。兩岸關係是非官方外交的一種化身，猶如蒙特維勒（Joseph V. Montviller）所形容的「二軌外交」（track-two diplomacy），其特色為「競爭雙方成員間非官方、非正式的

互動，目的在發展策略、影響輿情、組織人力或物質資源，以便協助解決雙方的衝突」。[75]因此在和中華人民共和國缺乏正式接觸的情況下，政治宣傳與公共關係變成了兩岸關係整合的一部分，而證據顯示，中華民國顯然不僅理解政治宣傳的必要性，也明白政治宣傳必須富有原創性：[76]「『我們必須走出去，讓世界知道我們的存在！』成為李登輝一再向台灣民眾灌輸的思想。」[77]

　　文化外交可被視為「傳統外交的附屬品，後者一旦失敗，前者也將受害；但前者卻是值得一試的努力，以使後者更加潤滑」。[78]文化和經濟、軍事、外交一樣，都是提昇國家利益的方法，因為當民眾受到國外文化較多的暴露時，對那個國家往往可能產生較深的同情與瞭解。文化外交所提供的機會不能受到忽略，例如，一九八八年十二月，台北方面決定邀請來自大陸的重要學者、學生與名人到台灣訪問，因為新聞局以歐洲的文化外交為借鏡，發現廣播、電視節目、報紙、書籍、雜誌和其他文化產品在柏林圍牆兩邊的交流，促成了東德走向民主。[79]當時任職國民黨副秘書長的宋楚瑜曾表示，這「可能比徵召情報員打擊共產主義更有效」[80]，《英文自由中國評論月刊》也指出：「要突破我們目前的外交困境，文化活動就加強國際友誼、促進合作、吸引更多的國際目光而言，特別具有（比正式關係）更高的可行性。」[81]

■ 文化活動是中華民國拓展非正式外交的重要管道之一
（圖為北一女中禮儀旗隊在倫敦表演）

隨著文化機構在全球各地的設立，第三章將會討論到中華文化的「國際化」問題。[82]

　　中華民國當然不只是政治宣傳的來源，他本身也是政治宣傳的對象與題材，特別是來自中華人民共和國的政治宣傳。那麼他應該以牙還牙嗎？短程上來說，反政宣可能得不償失，因為往往只會讓反面的訊息受到更多注意，並使對方防衛得更加嚴密；但就長程而言，反政宣仍屬必要，中華民國必須以合理的反駁減低攻擊來源的殺傷力，同時也要避免使之淪為無效的口號。中華民國對主權的堅持、對中華文化

的承傳[83]，以及對北京「一國兩制」模型的反對，都可以用這個角度加以解讀。自從冷戰結束後，台北一直有意以合理的論證為立足的基礎，避免和北京做無謂的口角之爭，於是不僅加強了其外交立場，更重要的是也強化了他的外交形象。

被迫採取非官方外交的政府，有其短程的利益和目標必須考量，而這些都會反映於政治宣傳的內容與結構之中，例如，他在地主國內，每天都會為了爭取接近當地政府機構與傳播媒體而從事政治賽。他的立即目標，是必須儘可能維持高知名度，並為達成遠程目標往前推進，而這也正是中華民國重返聯合國運動主要的成就所在。[84]此外，中華民國對其非正式關係的結構性元素也相當敏感，當此關係是以商業聯繫為基礎時，他便無意打破現況，於是政宣人員在短期內則較無機會為政府的觀點、回應及訴求製造舞台，但他們也因此獲得了很大的創造空間。放眼各國實例，有些政宣單位的彈性確比同儕更高一些，雷尼克（Robin Renwick）便曾描述，英國外交部「會將其目標告知大使館，但讓大使館決定如何採取最佳的相關論述」；但在另一方面，美國國務院卻會「給與大使詳細的演說稿以便逐字使用……」。[85]

駐在具有敵意環境下的海外新聞官或宣傳人員，因其政府敏感的國際地位，將會面臨額外的挑戰：如何接近使用地

主國的媒體？如何吸引對中華民國足夠的關注？英國的韓德森爵士（Sir Nicholas Henderson），在回顧出任駐美大使的經驗時指出：「如果一位大使沒有盡其所能公開提倡自己的國家，將被視為對本國立場不夠堅定的信號。」[86]此一看法再次加深了政治宣傳已難與外交互相區別的見解，而前英國外相雷夫肯（Malcolm Rifkind）也有過相同的表示：「有效的公開宣傳，必須和外交活動同步進行，並成為其中整體的一部分。」[87]

不過在實際操作上，此一活動可謂困難而繁重，需要外交官嫻熟運用所有技巧、訓練和專長，正如莫根梭所說的：

> 外交官的首要之務，是做為自己國家象徵性的代表，因此他必須不斷履行象徵性的機能，並以他被其他外交官與國外政府所賦予的身分，將自己暴露於各種具有象徵意義的集會之中。這些集會一方面是對其國家於國外威望的測試，在另一方面，所測試的也是他本身的聲譽。[88]

但對於國家或政府並不被正式承認的駐外代表來說，要參與即使是最浮面的象徵性集會都非常困難，因為他們只能在正式的外交圈之外操作。[89]

此外，外交代表們還面臨著新聞環境的挑戰。媒體往往

是根據新聞來源的地位、可信度、影響力，以及大眾興趣，決定是否投注時間與資源來報導某則故事，然後再根據故事的重要性，取決新聞的排列順序，而這又會影響到大眾對此故事重要性的觀感。一則被放在頭版的新聞，通常會比被藏在第十二版的事件更容易受到讀者的注意，因此報紙透過排版的選擇，塑造了我們對新聞重要程度的看法。電視新聞的結構也大同小異，雖然另有一些隨媒體特性而來的因素需要考慮，如電視新聞常會扭曲國際議程及對事件的詮釋，因為它是一個即時性、視覺性，且具有隱喻性的媒介，是「一個複雜世界中的簡化性工具」。[90]電視是多數人獲知有關國外事務最主要的消息來源，而許多人在對事件背景、編輯程序或報導風格均無質疑的情況下，便會全盤接受他們所看到的內容。[91]

　　於是不被承認的國家，如台灣，不僅對新聞議程缺乏掌控的能力，而且在接近使用媒體上也有相當的困難。事實上，台灣的處境比其他因國際制裁而受到「孤立」的國家（如以色列與南非）更為不利；這些國家受到孤立的理由，以及他們所面臨的國際壓力，往往使之具有很高的新聞價值，但中華民國甚至不能以此為藉口而受到媒體的注意，因為他並未受到任何嚴重的「制裁」。所不同的是，他是一個「不存在」而非「被放逐」的國家。

　　新聞機構必須根據「新聞價值」的定義而操作，因此傾向偏好具有衝突性和戲劇性的故事。本書無意在此討論此一模式的對錯，但外交人員卻有必要認清此一事實，並學會如何在這樣的環境中操作。有趣的是，中華民國的外交代表或新聞局駐外人員，從未接受過如何使用國外媒體，或如何與之互動的正式訓練，但新聞局卻向國外記者提供訓練及協助。一九九七年十一月，新聞局為拉丁美洲邦交國的新聞駐外機構籌辦了一系列的工作室，協助他們「注意更廣泛的議題，包括新聞蒐集與無偏見報導的訓練」[92]，使國外新聞記者成為中華民國「水平」傳播及政宣網路的一環。當然，或許有人也會指出，對無邦交國的新聞記者進行這種訓練可能更加重要，因為能夠提高他們對中華民國需要的回應力；不過，繼續存在的另外一個問題是，當這些新聞記者返國之後，中華民國對該國媒體的新聞操作，畢竟仍無任何控制力。

　　那麼中華民國應如何克服上述困境呢？截至目前為止，中華民國尚未發覺有必要以「特別怪異或暴力的行動以補償其地位或資源之不足」，如同伍斯菲爾德（Gadi Wolfsfeld）所指出的：「（某些）小國的領導人可能會選擇發表特別挑釁的演說，或採取某種威脅行動以爭取國際舞台……。」[93]中華民國選擇採取相反的路線，避免強硬、情緒性的政宣修

辭，改以強調過去十年來在政治與社會改革上的多種成就。如此一來，較弱勢的一方得能掌控他們認為有新聞價值的事件，規避強大敵手對資訊流向的箝制，從而對新聞議程造成某種影響。[94]在這個方面，中華民國的駐外代表已展開令人振奮的起步，確保他們的信件、時評等文章被刊登在經過篩選的媒體上，同時重量級政治人物（包括前總統李登輝及新總統陳水扁），也時常接受重要國際媒體的訪問（第三章將討論媒體如何報導台灣的問題）。不過各種證據顯示，台灣其實也扮演著自我檢查的角色，以避免觸怒北京。

　　一九九五年夏天，中華民國副總統連戰進行了為期一周的訪歐之旅，《自由中國紀事報》在報導他與捷克共和國（Czech Republic）總統哈夫爾（Vaclav Havel）的會晤時，形容此行「盡量躲開媒體的注意，以避免來自北京的阻撓」。[95]此事原是與李登輝充滿爭議的訪美行程一樣重要的新聞，也是中華民國為其外交努力在歐洲亟需的宣傳機會，但基於擔心中共，中華民國迴避了對此行的政宣價值做充分利用。

　　然而這類活動依舊饒富意義，使國家首腦級人物獲得向重要且可能具影響力的國外受眾演說的機會。連戰在捷克共和國查爾斯大學（Charles University）的演講，著重於台灣近幾年來的巨大轉變，使他能以最熱烈的方式提倡台灣，從而吸引新的投資，而他以中華民國的「寧靜革命」（quiet revolution）和捷克共和國的「絲絨革命」（velvet revolution）互相比擬，更是深具效力。[96]此外，我們也絕不能漠視李登輝一九九五年出席康乃爾大學（Cornell University）校友會一事的公關價值，促使媒體發明了一個新的標籤——「學位外交」[97]，台灣與美國媒體都將此行視爲頭條新聞，大幅提昇中華民國的知名度。李登輝希望他「終於能把台灣成功的故事，以及他在世上其他國家所受的不公平待遇，讓國際大衆知道」。[98]不消說，此行使得中華人民共和國暴跳如雷，刺激北京在台灣海峽展開軍事演習，進一步威脅了中華人民共和國與美國的關係。

當能運用現代政治動力本質的優勢時，這種短程的「戰術」政宣最是有效。舉例來說，中國領導階層對一九八九年民主示威運動的處理方式，暫時改變了北京與台北在國際上的權力輪廓，後者在毋需企圖對事件做任何控制的情況下，便可利用對此事件的全球性反彈增加自己的優勢。其他直接涉入中華民國的情況，也可以很容易用來做爲外交與政治宣傳的籌碼，例如，一九九七年當江澤民訪問美國時，一千名在美台人群聚華府，獲得CNN的現場報導；一九九六年間，台灣學生在中國大使館外的抗議，也一樣吸引了英國媒體的注目。台灣的總統大選，以及北京對此事所表現出來的敵意，都使中華民國能夠將自己突顯爲一個民主化的政治體

制，正受到無包容性之獨裁強權的威嚇。美國的《新聞周刊》
（*Newsweek*）將李登輝選拔爲一九九六年的民主先生（1996
Democrat of the Year），恰與《時代周刊》（*Times*）在一九三
〇及一九四〇年代間對蔣介石的極端讚賞互相輝映。[99]一九
九六年大選結束之後，中華民國內閣成員展開了一系列的對
外訪問，鼓勵國際間對台灣民主改革的重視。[100]但無可諱言
的是，一九九六年的選舉倘使沒有「飛彈危機」的威脅，可
能並不會成爲如此有力的政宣武器，將國際大眾的焦點轉向
台灣。

　　我們必須記住一點，中華民國官方政治宣傳所投射出來
的，一直是一種特定的世界觀，也就是國民黨的世界觀。台
灣自一九八七年以來所推動的政治民主化過程，是一項驚人
的成就，使統治台灣五十多年的中國國民黨，終於在二〇〇
〇年的總統大選失去了領導地位，然而民主文化仍需更深的
粹煉與整合，政權轉移的世代交替才能平順地徹底落實。[101]
直到一九八七年之前，國民黨是台灣政治結構的唯一中心，
「視政府爲黨的工具或延伸」[102]，因爲打從一九二四年以來，
國民黨的組織架構便是一種列寧式（Leninist）的設計：「政
黨細胞和地方政黨分支深入台灣社會，以村里爲單位，對當
地居民的意向及社會聯繫加以監督。」[103]此外，長期做爲執
政黨，國民黨也成爲發展台灣政治文化的中樞，其功能包括

招募黨員、社會動員及社會控制等。[104]一九八七年以前對大眾媒體和教育的管轄，使國民黨得以推廣詮釋中國近代史，直到一九九七年九月，學校教科書才終於重新編寫，納入較具「台灣」角度的歷史觀，並淡化處理充滿冷戰氣息的反共基調。正如菲立普‧泰勒（Philip Taylor）所指出的：「歷史本身便是一種無價的政宣來源。」[105]「過去」往往為「現在」提供了合理化的解釋，無論是納粹（Nazis）以挑戰一九一九年的凡爾賽（Versailles）條約為藉口，利用日爾曼光輝的歷史神話建立新國家主義，或者是一九九七年以前的英國保守黨（Conservatives）政府，即使當保守黨執政已達十七年之久時，仍習慣指責前任工黨（Labour）政府為造成諸般弊端的始作俑者。如果你向台灣的政府官員索取中華民國地圖，在一九九七年時，他們所拿出來的都仍是一張包括蒙古在內的中國地圖，台灣則在右下方占據了一個小角落。[106]這種膚淺的世界觀反映在語言之中，於是一九六○年代的《中華民國英文年鑑》便宣稱，它的內容「主要是關於中華民國及其台灣島嶼省分」。[107]此外，蔣介石的政治宣傳也企圖以台灣歷史上的英雄人物自我烘托，例如在十七世紀趕走荷蘭人後以台灣為復興基地的鄭成功；同時蔣介石也對一八九五年失敗的台灣民主國（First Formosan Republic）表現出某種追悼之情。[108]莫根梭認為，這種歷史性的主題能夠「滿足一種深層

的智識和政治需求」[109]，且提供情感上的滿足，而珍納（W.
J. F. Jenner）則稱之為「文化發明的歷史」，指出這是中國歷
史極有力的同化效應：「官方歷史，無論孔儒或共產黨，都
很自然將正統觀點不朽化。……誰控制了歷史的編纂，誰就
贏得了決定何者稱王、何者為寇的權力。」[110]這是一種黑白
分明的歷史觀，提供了容易消化的政治宣傳。

　　不容忽略的是，台灣在外交上的孤立，不僅使歷史受到
了扭曲，同時也扭曲了其他國家眼中台灣對二十世紀的貢
獻。前台北駐英代表處新聞組主任陳建勝便曾忿然指出，當
英國在一九九五年的戰勝日本紀念日（VJ Day）歡度五十周
年慶時，中華民國政府參與盛會的權利卻遭剝奪，儘管其軍
隊曾與盟軍併肩作戰。[111]在這樣的場合中，政治現實確是殘
酷的阻礙。

　　國民黨對政府機制的全面掌握，使其世界觀成為了台灣
形象的一部分，由新聞局主導，透過大使館與代表處向國外
散播。那是一種對台灣政治制度與國際地位都非常片面的觀
點，因此也就提供了一種扭曲的圖像。在傳播科技日新月異
的今天，網際網路（Internet）雖是標榜突破政府檢查制度與
政治藩籬的新媒介，但有關中華民國的英文網頁，仍是由新
聞局負責撰寫。[112]

　　那麼中華民國如何使用政治宣傳來增強外交效能呢？對

外政策的官方外交文件均否認利用政治宣傳，但事實上從中華民國政府在一九七九年十二月所發表，回應美國決定和中華人民共和國建交而做的聲明節錄中，即可看出許多政宣方法的操作。根據中華民國前駐美大使沈劍虹表示，此乃「中美關係歷史上最強而有力的聲明」：

> 美國將和中國共產政權建交的決定，不僅嚴重損害了中華民國政府與人民的權益，也對整個自由世界形成了巨大的反面衝擊。此舉所將可能造成的一切後果，美國政府必須獨自負起所有責任。⋯⋯
>
> 過去幾年來，美國政府一再重申將與中華民國保持外交關係並履行條約，而現在承諾與條約卻雙雙被打破，美國政府將來再也不能期望擁有任何自由國家的信心。
>
> ⋯⋯美國延伸其外交承認至中國共產政權，而其存在卻完全憑藉著恐怖與壓迫，這與美國堅守維護人權、強化民主國家的能力以抵抗專制獨裁的立場絕不相符，此舉無異摧毀了中國大陸成千上萬受到奴役的人民祈求早日恢復自由的希望。無論從那個角度觀之，美國此舉乃是人類自由與民主機制的嚴重倒退，將受到全世界熱愛自由與和平人士的唾棄。⋯⋯
>
> 無論如何，⋯⋯中華民國做為一個主權國家，將招集

全體人民在其光榮傳統的照耀下繼續前進。……中國
政府與人民仍將對國家目標保持信念，履行對國際社
會的義務。……我們的　先總統蔣介石一再訓示人民
必須堅強、勇敢，以尊嚴面對橫逆，直到反攻復國的
建國大業終於完成。（我們的）政府與人民……決心
盡一切力量反抗共產暴政和侵略，……因此我們將保
持冷靜、堅強、樂觀、奮鬥。我們的全體人民將全力
與政府配合，萬眾一心，團結一致。……在任何情況
下，中華民國將永不與中共政權幹旋，也絕不與共產
主義妥協。我們將永不放棄反攻大陸、解救同胞的神
聖使命。……[113]

中華民國採用了一系列的外交與政宣手法來強化對外關
係。對外政宣固然並不能說就是外交，但對僅有少數正式外
交關係的國家——如台灣——來說，卻是從事外交的必要助
力。[114]政治宣傳能夠超越國界，因此也就超越了國家主權的
範疇，是現代國際關係有效的工具之一，而到目前為止，也
尚未發現能夠有效控制其力量的可行管道。雖然面臨許多阻
礙，中華民國仍以創新的方法，向鎖定的目標傳達了他的訊
息。至於政治宣傳是否影響了受眾對台灣的觀感，進而影響
他國政府的對台政策，則是另一個較難回答的問題。

與中華民國維持外交關係的國家[115]
（一九九七年一月）[116]

擁有一個數目雖小但足以仰賴的邦交國基礎，將能提供國際合法性的最低需求。[117]

1.巴哈馬（Bahamas）：一九九七年五月十八日斷交。中華民國政府做此決定，以避免拉丁美洲友邦的「連鎖效應」。外交部長章孝嚴表示，中華民國將「盡其所能穩固與友邦的邦交。但是做為一個有尊嚴的國家，如果有任何一個國家在台北和北京之間搖擺不定，企圖抬高經濟利益，中華民國將採取『斷然』的行動」。[118]

2.比利茲（Belize）：一九八九年建交。

3.波爾基納發索（Burkina Faso）：一九九四年二月復交。

4.中非共和國（Central African Republic）：一九九一年建交，但一九九八年一月二十九日當中非承認中華人民共和國時，此一關係即告中斷。「一位外交部官員指控班基（Bangui）向北京的金錢外交屈服。此官員

表示，班基目前的財政困難，造成了轉換承認的壓

力，……成為自一九六四年以來，班基第三次改變承

認對象。」[119]

5. 查德（Chad）：一九七二年十二月斷交，但於一九九

　七年八月十二日重新建立全面大使級關係。

6. 哥斯大黎加（Costa Rica）：「外交部長章孝嚴在（一

　九九七年）五月十九日，否認媒體有關中華民國和巴

　拿馬及哥斯大黎加外交關係面臨危機的揣測。」這項

　宣布是在北京企圖破壞中華民國與巴拿馬外交關係的

　一系列動作之後所發表的。[120]

7. 多明尼加（Dominica）。

8. 多明尼加共和國（Dominican Republic）。

9. 薩爾瓦多（El Salvador）。

10. 甘比亞（Gambia）：一九七四年斷交，一九九五年七

　　月十三日復交。

11. 格瑞納達（Grenada）：一九八九年建交。

12. 瓜地馬拉（Guatemala）。

13. 幾內亞比索（Guinea-Bissau）：一九九八年四月斷

　　交，當時事前完全沒有徵兆。

14. 海地（Haiti）。

15. 宏都拉斯（Honduras）。

16.賴比瑞亞（Liberia）：一九七七年斷交，一九八九年
　　復交。

17.馬拉威（Malawi）。

18.諾魯（Nauru）。

19.尼加拉瓜（Nicaragua）：一九九〇年建交。

20.巴拿馬（Panama）。

21.巴拉圭（Paraguay）。

22.聖多美普林西比共和國（Republic of Sao Tome and
　　Principe）：一九九七年五月六日，雙方「要求在平
　　等與互惠的基礎上建立全面大使級關係」。[121]

23.南非共和國（Republic of South Africa）：一九九六年
　　十一月二十七日，南非政府宣布將在一九九七年底承
　　認中華人民共和國。

24.聖克里斯多夫與內維斯（Saint Christopher &
　　Nevis）：一九九七年十月十六日，張小月女士成為
　　中華民國第一位女大使，派駐聖克里斯多夫與內維
　　斯，促使所有政府機構，包括外交系統在內，進行對
　　人才招攬政策的重新評估。[122]

25.聖路西亞（Saint Lucia）：一九九七年八月十八日，
　　聖路西亞外交部長指出，其政府將於九月之前和北京
　　關係正常化，因此必須拒絕承認中華民國，他表示此

乃「痛苦的抉擇」，但卻是對政治現實的回應。中華
民國政府於八月二十九日正式斷絕與聖路西亞的關
係。[123]

26.聖文森與格林納定群島（Saint Vincent and
Grenadines）。

27.塞內加爾（Senegal）：一九六○年建交，一九六四年
斷交，一九八○年復交，一九八二年再斷交，一九九
六年一月又重新建交。

28.索羅門群島（Solomon Islands）。

29.史瓦濟蘭（Swaziland）：一九六八年建交。

30.東加（Tonga）：一九九八年十一月二日斷交。

31.杜瓦魯（Tuvalu）。

32.梵蒂岡（Vatican）。

「一位國外觀察員顯然對這張外交名單不以為然，戲稱
中華民國為『流浪漢與乞丐的收容所』。台北政府對此言自
然大表不滿。」[124]也有評論家指出，「台灣花錢買外交（或
者說是用租的），但願意和台灣建立正式外交關係的，都只
是小而不重要的國家。可是數量卻有其重要性。台北方面的
外交決策者察覺到，一個國家必須和二十到三十個國家建立
官方關係，才能避免被視為缺乏做為一個國家的基本資格之
一。」[125]

註釋

1. 中華人民共和國國務院台灣事務辦公室主任陳雲林，二○○一年春天旅英演說時，表示台灣近年來屢用「人權外交」及「民主外交」的手法，刻意製造兩個中國的假象。詳情請見 'Abstract of Minister Chen Yulin's Speech' by The Taiwan Affairs Office under the State Council of the People's Republic of China。

2. David Nelson Rowe, *Informal Diplomatic Relations: the Case of Japan and the Republic of China, 1972-1974* (Hamden, Conn.: Foreign Area Studies, 1975), p. 10.

3. BBC Summary of World Broadcasts (SWB), FE/2572 F/6, 28 March 1996; 'Mandela renews pledge to keep Pretoria-Taipei ties', *FCJ*, 30 August 1996; Thomas A. Marks, *Counterrevolution in China: Wang Sheng and the Kuomintang* (London: Frank Cass, 1998), pp.231-2, 241.

4. 'Relations Recast', *FCR* 48 (3), March 1998, p .1.

5. 'Protest is issued as Pretoria says it will sever ties', *FCJ*, 29 November 1996; *FCJ*, 6 December 1996; 'Diplomatic tussle persists as Saint Lucia plans shift', *FCJ*, 29 August 1997; Peterson (1997b), pp.114-17.

6. 'ROC-Fiji communiqué affirms official recognition', *FCJ*, 12 October 1996.

7. M. D. Fletcher, 'Australian-Taiwanese Relations', in Maysing H. Yang

(ed.), *Taiwan's Expanding Role in the International Arena* (New York: M. E. Sharpe, 1997), p. 55; 'Admission of equal status needed to resolve impasse', *FCJ*, 29 May 1997.

8. David Tothill (August 1997), pp. 6-7.

9. *The Republic of China Yearbook*, 1996.

10. Chiao-Chiao Hsieh, in Ferdinand (1996), p. 78.

11. Chang King-yuh, 'Partnership in Transition: a Review of Recent Taipei-Washington Relations', *Asian Survey* 21 (6), June 1981: 612; John F. Copper, *Taiwan: Nation-State or Province?* (Boulder, Colo. : Westview, 1996), p. 168.

12. 《中國時報》, 8 July 1988; *FCJ*, 28 February 1997.

13. *The Republic of China Yearbook*, 1997, p. 142.

14. Steve Hoadley, *New Zealand and Taiwan: the Policy and Practice of Quasi-Diplomacy* (Wellington: New Zealand Institute of International Affairs, Occasional Paper 7, 1993), p .3.

15. Frank Ching, 'Taiwan: the Prosperous Pariah', *Foreign Policy*, (36) Fall 1979: 122-46; Deon Geldenhuys, *Isolated States: A Comparative Analysis* (Cambridge: Cambridge University Press, 1990), p. 366.

16. Hoadley (1993), pp. 36-7, 46-8.

17. Yang (1997), p. 13.

18. Hoadley (1993), p. 25.

19. 同上。

20. Linjin Wu, 'Limitations and Prospects of Taiwan's Informal Diplomacy', in Jean-Marie Henckaerts (ed.), *The International Status of Taiwan in the New World Order: Legal and Political Considerations* (London: Kluwer Law International, 1996), p.45; Kay Moller, 'Does Flexible Diplomacy Improve Taiwan's International Status?', in Henckaerts (1996), p. 55; 'ROC reflects on fast-paced changes', *FCJ*, 9 June 1995; *FCJ*, 7 July 1995.

21. *FCJ*, 6 March 1992, quoted in Linjin Wu, 'How Far Can the ROC's Informal Diplomacy Go?', *Issues and Studies*, 30 (7), 1994: 82-102 (86).

22. *FCJ*, 6 December 1996。在此我要特別感謝駐英國代表處新聞組主任蔡仲禮先生，以及紐約辦事處的余玉照博士。

23. Dennis Van Vranken Hickey, 'Taiwan's Return to International Organisations', in Henckaerts (1996), p. 67.

24. Byron S. J. Weng, 'Taiwan's International Status Today', *China Quarterly* 99, September 1984, p. 463.

25. Linjun Wu, in Henckaerts (1996), p. 45.

26. 二○○二年八月七日，台北動員十多個友邦向聯合國秘書處提交台北參與聯合國案，是台北連續第十年推動加入聯合國的努力。本次提案與往年最顯著的差異，是提案標題大幅修改，過去幾年

爲「應審視中華民國在台灣所處之特殊國際環境，以確保其兩千三百萬人民參與聯合國之基本權利獲得完全尊重」，二○○二年改爲「中華民國（台灣）在聯合國的代表權問題」。傳統的「中華民國在台灣」稱謂改爲「中華民國（台灣）」，象徵意義十分重大，不過內容上與往年大致相同，並未提「一邊一國」、「公投立法」等高度敏感性的文字。詳情請參考《聯合報》國外航空版，10/8/2002。

27. David W. Chang and Hung-chao Tai, 'The Informal Diplomacy of the Republic of China, with a Case Study of ROC's Relations with Singapore', *American Journal of Chinese Studies* 3 (2), October 1996: 148-76.

28. Clough (1993), p. 121.

29. K. J. Holsti, *International Politics: A Framework for Analysis*, 5th edn. (Englewood Cliffs, NJ: Prentice Hall, 1988), pp.94-6.

30. 當國際社會認爲某個國家的作爲不符合道德公義時，有時會以斷交的行動做爲制裁的手段，或至少以拒絕往來的方式表達不苟同的立場，例如，南非在實施隔離政策的期間，伊拉克入侵科威特的時期，以及過去的以色列亦曾因對待巴勒斯坦的政策，受到部分國際社會的排斥。但這些事例與台灣之受到孤立的原因均不可相提並論。

31. Geldenhuys (1990); Peterson (1997b).

推銷台灣

32. Berridge (1994), p. 53.

33. Copper (1996), p. 168.

34. Wu (1994), p.84; Linjin Wu, in Henckaerts (1996); Geldenhuys (1990); Rowe (1975), p.16.

35. Thomas J. Bellows, 'Taiwan's Foreign Policy in the 1970s', *Asian Survey* 16 (7), July 1976, reproduced in James C. Hsiung et. al., *The Taiwan Experience 1950-1980* (New York: Praeger, 1981), p. 410.

36. Shen (1983), p. 128; Rowe (1975).

37. Harding (1992), pp. 159-60.

38. J. Terry Emerson, 'The Taiwan Relations Act: Legislative Recognition of the Republic of China', in *The Republic of China on Taiwan Today: Views from Abroad* (1990), p. 227.

39. Dennis Hickey, 'Washington to hold steady in relationship with Taipei', *FCJ*, 29 May 1998.

40. Hoadley (1993), p. 46.

41. Peterson (1997b), p. 112, 120; E. Zev Suffot, seminar on China and the Middle East, University of Leicester, 12 November 1997.

42. Raymond Cohen, 'On Diplomacy in the Near East: the Amarna Letters', *Diplomacy and Statecraft* 7 (July 1996), p. 9.

43. G. R. Berridge, *Amarna Diplomacy*, Discussion Papers in Diplomacy no.22 (University of Leicester, October 1996), p. 9.

44. Shen (1983), p. 140.

45. Berridge (1994), p. 4; Geldenhuys (1990), p. 217.

46. Geldenhuys (1990), pp.113-5.

47. 'Japanese find new links with partners in Taiwan', *FCJ*, 1 May 1998.

48. Wolper (1993), p. 26.

49. Dickson (1997), p. 16.

50. Hans J. Morgenthau, *Politics Among Nations: the Struggle for Power and Peace* 5th edn. (New York: Alfred A. Knopf, 1978), p. 338.

51. Copper (1997), p. 84.

52. Chen-Tin Kuo, 'The Political Economy of Taiwan's Investment in China', in Tun-jen Chen, Chi Huang and Samuel S. G. Wu (eds), *Inherited Rivalry: Conflict Across the Taiwan Straits* (London: Lynne Rienner, 1995), p. 160.

53. Tim Healy and Laurence Eyton, 'Perils of Money Diplomacy', *Asiaweek*, 20 December 1996.

54. Holsti (1988), p.234; *FCJ*, 25 April 1988; *FCJ*, 27 June 1988; *FCJ*, 8 August 1988; *The Republic of China Yearbook*, 1996; 'Week in Review', *FCJ*, 14 July 1995.

55. Cline (1976), p. 18; Cline (1989).

56. Chang and Tai (1996), pp. 154-5.

57. *FCJ*, 16 May 1997; 'Peking outcry at ROC aid exposes its own

duplicity', *FCJ*, 26 September 1997.

58. *FCJ*, 1 May 1998; 'ROC to strengthen ally relations', *FCJ*, 8 May 1998; *FCJ*, 28 July - 4 August 1992; *China Post* (Taipei), 29 August 1992.

59. 'Bid to rejoin United Nations falls short', *FCJ*, 26 September 1997; *FCJ*, 16 August 1996.

60. *The Economist*, 2 May 1998, p. 78.

61. 'ROC to increase international aid', *FCJ*, 10 April 1998.

62. George T. Yu, 'Peking versus Taipei in the world arena: Chinese competition in Africa', *Asian Survey* 3 (9), September 1963, p. 449.

63. Geldenhuys (1990), p. 422.

64. 'Relations Recast', *FCR* 48 (3), March 1998: 1.

65. Healy and Eyton (1996).

66. *China Yearbook, 1957-1958*, p. 1.

67. Asian People's Anti-Communist League, *A Decade of Chinese Communist Tyranny* (Taipei, 1960).

68. Jean-Pierre Cabestan, 'Taiwan's Mainland Policy: Normalization, Yes; Reunification, Later', *China Quarterly* 148 (1996): 1321.

69. Kerr (1966), p. 219.

70. Gilboa (1998), p. 61.

71. Philip Elliott and Peter Golding, 'The News Media and Foreign

104

Affairs', in Robert Boardman (ed.), *The Management of Britain's External Relations* (London: Macmillan, 1973), p. 309; Richard Rose, *Politics in England* (London: Faber & Faber, 1965).

72. Tien (1989), Appendix.

73. 'Lee, in talk with ROC's envoys, links recognition to unification', *FCJ*, 23 August 1996.

74. 'Taiwan, in courting US officials, reflects yearning for recognition', *Washington Post*, 12 November 1996.

75. Joseph V. Montviller, 'The Arrow and the Oliver Branch: a Case for Track Two Diplomacy', in *Conflict Resolution: Track Two Diplomacy* (Washington DC: US State Department, 1987), p. 7; 'Taipei reiterates eagerness to improve cross-strait ties', *FCJ*, 17 July 1998.

76. Copper (1997), p. 407.

77. *FCJ*, 9 June 1995.

78. Taylor (1997), p. 80.

79. 《中央日報》, 6 November 1990, quoted in Clough (1993), p. 97.

80. 《聯合報》, 1 February 1989.

81. *FCR*, 38 (7), July 1998: 8.

82. Jason C. Hu (ed.), *Quiet Revolutions on Taiwan, Republic of China* (Taipei: Kwang Hwa, 1995), p. 38; Thomas W. Robinson, 'America in Taiwan's Post Cold-War Foreign Relations', *China Quarterly*, 148

(1996), pp. 1345-6.

83. Michael Yahuda, 'The Foreign Relations of Greater China', *China Quarterly*, 136 (1993), p.701; Thomas B. Gold, 'Go with Your Feelings: Hong Kong and Taiwan Popular Culture in Greater China', *China Quarterly*, 136 (1993), p.908; Tu Weiming, 'Cultural Identity and the Politics of Recognition in Contemporary Taiwan', *China Quarterly*, 148 (1996); Thomas W. Robinson, *China Quarterly*, 148 (1996), p. 1345.

84. Michael Yahuda, 'The International Standing of the Republic of China on Taiwan', *China Quarterly*, 148 (1996), p. 1337.

85. Robin Renwick, *Unconventional Diplomacy in Southern Africa* (London: Macmillan, 1997), p. 5.

86. Nicholas Henderson, *Mandarin: The Diaries of an Ambassador, 1969-1982* (London: Weidenfield & Nicolson, 1994), p. 288.

87. Marshall (1997), p. 189.

88. Morgenthau (1978), p. 522.

89. Peterson (1997b), p. 104.

90. David R. Gergen, 'Diplomacy in the Television Age: The Dangers of Teledemocracy', in Simon Serfaty (ed.), *The Media in Foreign Policy* (London: Macmillan, 1990), pp. 48-50.

91. Stephen Earl Bennett, Richard S. Flickenger, John R. Baker, Staci L.

Rhine, and Linda L. M. Bennett, 'Citizens' Knowledge of Foreign Affairs', *Harvard International Journal of Press/Politics* 1 (2), Spring 1996; Neta C. Crawford, 'Imag(in)ing Africa', *Harvard International Journal of Press/Politics* 1 (2), Spring 1996.

92. 'Latin American journalists join GIO's media workshops', *FCJ*, 14 November 1997.

93. Gadi Wolfsfeld, *Media and Political Conflict: News from the Middle East* (Cambridge: Cambridge University Press, 1997), p. 21.

94. 同上，頁30。

95. *FCJ*, 23 June 1995; *FCJ*, 9 October 1997.

96. *FCJ*, 23 June 1995.

97. *San Francisco Examiner*, 27 July 1995; 'After Cornell, ROC looks ahead', *FCJ*, 7 July 1995; Timothy Maga, 'Golf Ball Diplomacy', *Diplomacy and Statecraft*, 9 (1), 1998: 182-207; Steven I. Levine, 'The United States and China: Managing a Stormy Relationship', *The China Briefing, 1995-6* (New York: M. E. Sharpe, 1997), p. 235.

98. *San Francisco Examiner*, 27 July 1995; *FCJ*, 23 June 1995.

99. 見本書第三章。

100. 'ROC says trips abroad meant to explain political reforms', *FCJ*, 10 May 1998.

101. Thomas B. Gold, 'Consolidating Taiwan's Democracy', The Illinois-

Taiwan Seminar Series no.1 (Center for East Asian and Pacific Studies, University of Illinois at Urbana-Champaign, 1996), p.2; James T. Robinson, 'Taiwan's 1996 Elections of National Assembly and President: Appraising Democratization', paper presented to the Conference on 'Taiwan on the Move (台灣與四鄰學術會議)', 國立中央大學, 1996; Steven Harrell and Huang Chun-chieh (eds), *Cultural Change in Postwar Taiwan* (Boulder, Colo. : Westview Press, 1994); Ambrose C. Y. King, 'A Nonparadigmastic Search for Democracy in a Post-Confucian Culture: the Case of Taiwan, R.O.C', in Larry Diamond (ed.), *Political Culture and Democracy in Developing Countries* (London: Lynne Rienner, 1994); Ming-Yeh T. Rawnsley, *Public Service Television in Taiwan*, PhD Dissertation, University of Leeds, 1997.

102. Hood (1997), p. 15.

103. Tien (1989), p. 72; Hood (1997), p. 5.

104. Tien (1989), pp. 71-2; Copper (1996); Alan M. Wachman, *Taiwan: National Identity and Democratization* (New York: M. E. Sharpe, 1994); C. L. Chiou, *Democratizing Oriental Despotism* (London: Macmillan, 1995); Murray A. Rubenstein (ed.), *The Other Taiwan: 1945 to the Present* (New York: M. E. Sharpe, 1994); Simon Long, *Taiwan: China's Last Frontier* (London: Macmillan, 1991); Steve

Tsang ed. (1993); Robert G. Sutter, *Taiwan: Entering the 21st Century* (London: United Press of America, 1988); Thomas B. Gold, *State and Society in the Taiwan Miracle* (New York: M. E. Sharpe, 1986).

105. Taylor (1996), p. 14.

106. *The Republic of China Yearbook, 1993-1997.*

107. *The China Yearbook, 1965-1966,* p. 1.

108. Bate (1952).

109. Morgenthau (1978), p. 333.

110. W. J. F. Jenner, *The Tyranny of History: the Roots of China's Crisis* (London: Penguin, 1992), pp. 1-17.

111. 訪問，25 March 1997。

112. 反對團體、政治異議分子、被放逐海外（尤其是美國）的人士等，都曾大力抨擊台灣缺乏實質民主；國際特赦組織（Amnesty International）、《經濟學人周刊》、自由之家（Freedom House）等，也曾對台灣的人權問題極表不滿（但自由之家近來已改變其觀點，見 'ROC gets thumbs up for 1996', *FCJ*, 27 December 1996）。但本書的焦點僅以「官方政治宣傳如何加強非正式外交」為主。有關海外異議團體的影響及對人權問題的探討，可參見 C. Martin Wilbur in R. H. Myers (ed.), *Two Chinese States: US Foreign Policy and Interests* (Stanford: Hoover Institution Press,

1978); *The Economist's A World Human Rights Guide* (1986); *Freedom at Issue*, (94) January - February 1987.

113. Shen (1983), pp. 243-5.

114. Morgenthau (1978), pp. 332-3.

115. 由於國際政治的現實,中華民國的邦交國名單經常變動,二〇〇〇年十二月時,中華民國的正式邦交國為——比利茲、波爾基納發索、查德、哥斯大黎加、多明尼加、多明尼加共和國、薩爾瓦多、甘比亞、格瑞納達、瓜地馬拉、海地、宏都拉斯、賴比瑞亞、馬其頓(Macedonia)、馬拉威、馬紹爾群島(Marshall Islands)、尼加拉瓜、諾魯、巴拿馬、巴拉圭、聖克里斯多夫與內維斯、聖文森與格林納定群島、聖多美普林西比、塞內加爾、索羅門群島、史瓦濟蘭、杜瓦魯,以及梵蒂岡。二〇〇一年十月,當作者再次查詢中華民國外交部的網路資料時,發現其邦交國名單又已出現新的更動:馬紹爾群島已經離開,但新加入了布勞共和國(Republic of Palau)。讀者若需最新資訊,請逕行查閱電腦網站:<http://www.mofa.gov.tw>。

116. Copper (1996), pp. 167-71; Ferdinand (1996), pp. 76-98.

117. Thomas J. Bellows, 'Taiwan's Foreign Policy in the 1970s', *Asian Survey*, 21 (7), July 1976.

118. *FCJ*, 23 May 1997.

119. *FCJ*, 6 February 1998.

120. *FCJ*, 23 May 1997 and 28 March 1997.

121. *FCJ*, 9 May 1997.

122. 'First female ambassador gains post in Caribbean', *FCJ*, 24 October 1997.

123. 'Diplomatic tussle persist as Saint Lucia plans shift', *FCJ*, 29 August 1997.

124. Geldenhuys (1990), p. 147.

125. Copper (1997), p. 518.

第三章

外交官、政治宣傳
與海外華人

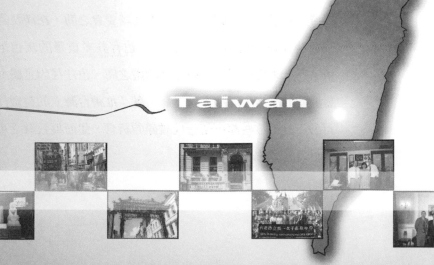

■ Taipei

Taiwan

本章摘要

* 中華民國在以政治宣傳「推銷台灣」時，受到層層的束
  縛，其中很多限制不在政治宣傳家的掌握之內，例如，外
  交承認的問題、國際媒體的操作等。但中華民國的政治宣
  傳隊伍，是否發展出了能夠克服，甚至利用困難與挑戰的
  機制呢？他們是否投注了足夠的時間、精力與資源，以便
  瞭解各種能夠掌握自身宣傳機制的方法？

* 瞭解新聞局和外交部的關係至為重要，雖然並不容易。每
  一個中華民國大使館及駐外代表處都包含新聞局的人員在
  內，他們的工作內容為何？新聞局駐外代表和新聞局、外
  交部、大使館或代表處間如何協調？

* 大使館或代表處底下的部門各有不同權責，但工作內容卻
  經常互相重疊；新聞局、僑委會及陸委會之間，在涉及對
  華僑與大陸的政治宣傳任務上，也有許多重疊的灰色地
  帶；甚至來自台灣的不同民間團體之間，也往往因意識型
  態的差異而出現溝通上的矛盾。就「推銷台灣」的整體性
  目的而言，這些都可能造成破碎的訊息，從而導致缺乏可
  信度及混淆的政治宣傳。

* 商業關係的潛在影響力不容輕忽，因為貿易議題能突破政治與外交的界線，使投資人與企業家成為提倡台灣的重要力量，同時貿易也是大使館或代表處能否獲得資源執行工作的關鍵因素。中華民國與許多國家外交關係的提昇，都是循著貿易的管道。

* 新聞局駐外代表如何與國外媒體互動？影響地主國的媒體，毋寧是駐外代表最重要的責任之一，因為媒體與大眾意見的形成有著密切關係。外交官與政治宣傳家在地主國所面臨的挑戰，便是要改變某些議題在媒體與其他領域被形塑與詮釋的方式，使之較為符合本國政府的目標。

* 在缺乏正式關係而幾乎不可能接近地主國政府的地方，代表處有必要透過媒體向當地民眾傳達訊息。但問題是，只有當聳動的新聞發生時，媒體才會對台灣感興趣，而此類報導往往會使台灣失去主體性。另外一個辦法則是創造自己的新聞議程，不過因為中華民國外交官及新聞官，都未將「如何有效運用媒體」列為必要的訓練，所以到目前為止，台灣在這方面的努力仍嫌不足。

* 一九四、五○年代至冷戰期間，宋家王朝的私人性外交運作，對於在美國推銷蔣介石及中華民國有些什麼利弊？ 美國大眾傳媒又扮演了什麼角色？不過值得注意的是，政治宣傳受限於外界因素：政治、戰爭、對外政策的目的，以

及對國家利益的衡量，都會限制政治宣傳所能達到的成就。所以韓戰的爆發固然穩固了美國對蔣介石的支持，可是在韓戰結束後，儘管中國遊說團聲嘶力竭，中華民國大使館動員草根外交，宋家王朝花費上百萬美元和深具影響力的美國人士及媒體培養私人關係，而當國際政治風向轉變時，這一切努力都無法挽回大眾的態度。

* 利用華僑及以華僑爲目標的政治宣傳，以相當奇特的長短程結構同時進行，兼具戰術性與策略性，並採用各種實際的政治宣傳技巧，但基於華僑社區高度分裂的性格，政治宣傳的統一性和一致性也就大受限制。

* 文化外交的意圖是希望透過文化的長期洗禮，在地主國製造對本國更大的包容與瞭解，而這需要時間、耐心與創造力。由於中華民國只和非常少數相對上不具重要性的國家建有正式邦交，文化外交的努力也就格外重要，但若以爲文化外交能夠成爲外交關係的替代品，卻未免大錯特錯。文化外交是一種特殊的宣傳活動，以有限的方法服務特別的目的，用來加強其他型式的外交與政宣活動，因此重點是要確保這類文化外交在媒體上的能見度。

* 政治宣傳和大陸政策間有著無法抹煞的聯繫，同時值得注意的是，許多有關兩岸關係的政治宣傳，並不以中文出版，因其主旨是在說服國際社會，中華民國有誠意和中華

人民共和國進行外交斡旋。文化議題一直是兩岸關係中最富建設性的領域，其中最成功的方法，便是允許全民外交的發展。不過截至目前為止，訪問的流向仍相當單向，亦即由台灣到大陸，限制了政治宣傳的效果。

「請聽聽我們。」我想那應是被傳達的請求。「請聽
聽我們。」[1]

一九五二年，麥克里爾‧貝特（H. Maclear Bate）寫
道：「如果有一個政府缺乏適當的政治宣傳組織，必然是蔣
介石的（政府）。……一個聰明的政治宣傳家，將在福爾摩
莎發現可供運用的充沛資源，……而從沒有這麼多（的資源）
卻只做出這麼少（的成果）。」[2]以下兩章意在檢驗貝特的批
評。事實上，中華民國的政宣組織在遷台之前即已存在，雖
然並不完美，卻稱得上「適當」，尤其它所面臨的環境往往
極為艱難。此外本章也將強調，在「推銷台灣」的同時，政
治宣傳家也積極強化了中華民國的外交努力。

自從被迫調整外交風格以來，中華民國已發展出一套複
雜的組織架構，將外交與政治宣傳同時包含在內。在某些方
面，這個架構有許多問題，例如，不同部門的責任經常互相
重疊，阻礙了單一訊息的有效傳遞。早在第二次世界大戰結
束時，中華民國政治宣傳的效能即受到很大的束縛，便是因
為政治宣傳被分割成個別不同的政府機構所致[3]。此一問題的
持續存在，降低了中華民國政治宣傳的威力。

某些限制因素並不在政治宣傳家的掌握中，例如，外交
承認的微妙問題，一般咸認是最難突破的障礙。為了補救此
一缺憾，並維持國際間的高可見度，政治宣傳家可能試圖利

用國外媒體製造對台灣的興趣，但這絕非易事，而且新聞組織的專業文化，以及定義新聞議程的方式，也往往惡化了外交合法性的問題。中央通訊社──台灣唯一的國際新聞通訊社（自一九四六年三月成立）──擁有三十個海外辦事處與四十位通訊員，向全球一百多個英語及中文報紙提供有關台灣的一般消息，但這些新聞被採用與否，卻完全不在中央社的控制範圍內。此外，外界的政治因子也會影響新聞議程，中華人民共和國的份量，往往成為國外媒體決定那些與台灣有關的議題可以成為新聞的要素。一九九六年中共的飛彈試射，與中華民國的總統大選同時發生，國際媒體的焦點很自然放在較有戲劇性的前者，而非後者的故事上。

　　但是我們必須瞭解，媒體是根據其專業責任與利益而操作，因此埋怨這套運作法則並無益處。此外，將中華民國在國際知名度及媒體可見度上的欠缺，歸咎於缺乏和世界強國的正式外交，雖然順理成章，卻也同樣無法改善其所面臨的處境。誠然，外交承認將使中華民國駐外代表的工作輕鬆許多，但中華民國的政治宣傳隊伍，是否發展出了能夠克服，甚至利用困難與挑戰的機制？正式外交關係的建立與否，是否真的對他們的任務造成差異？他們是否投注了足夠的時間、精力與資源，以便瞭解各種能夠掌握自身宣傳機制的方法？

新聞局

　　理論上說來，推銷台灣的責任落在新聞局身上，不過新聞局很謹慎避免「政治宣傳」的字眼，表示只有北京的共黨政權才會從事這樣的活動：「我們視我們的工作為告知、解釋及回應，而非政治宣傳。……我們面對中華人民共和國政治宣傳的政策則是說明真相。」前駐英代表處新聞組主任陳建勝如此表示。⁴駐南非共和國台北聯絡代表處新聞組的陳天爵組長，也同樣否認「政治宣傳」的標籤：

> 不，我不認為我的工作是政治宣傳，我們只是說明有關中華民國的真相。相反的，中華人民共和國國防部長遲浩田在去年（一九九六年）訪美時說：「沒有人在一九八九年的天安門廣場被殺。」那才是「政治宣傳」。⁵

　　前駐英大使簡又新對於有人竟以為台灣從事「政治宣傳」，頗覺不可思議，因為基於中華民國「卑微」的國際地位，他認為台灣所能做的只是告知，「讓外界知道我們在這裡，……我們處理的只有事實。」⁶但這些陳述卻都忽略了一

點：聲譽、平衡、可信度，以及對信息與事實的提供，都跟
更露骨的政治宣傳手段一樣，是用來促銷政治訊息的方法，
亦即布朗內（Nicholas Pronay）所稱的「以事實爲根據的政
治宣傳」。[7]採取此一操作模式的政治宣傳家獲得一個優勢，
即其訊息既無法被證明，也無法被反證爲政治宣傳。以下是
一九五九至一九六〇年之《中國年鑑》的一段摘錄：「……
編輯們的目標，乃是將中華民國的活動做成客觀、可讀的摘
要。事實將會以實際狀況受到報導，絕無誇大生產數據或掩
飾缺憾及不足的企圖，好比中共在大陸上的行爲一般。」[8]在
如此簡短的段落中，兩個支持新聞局政宣活動與中華民國外
交的信息便已躍然紙上：中華人民共和國面臨了困境（「缺
憾及不足」），同時新聞局只呈現事實，和共產黨恰恰相反。
這是一種以非政治宣傳概念爲依據的政宣陳述。

　　新聞局每年出版的《中華民國英文年鑑》，是非常有用
的研究工具，仔細研讀由冷戰開始迄今的版本，爲學者提供
了中華民國對外政策、外交與政治宣傳的年代變化趨勢[9]，也
揭露了新聞局對其工作的態度：

> 新聞局負責釐清國家政策、宣傳政府法令與行政成
> 就，在國內外發布重要訊息，有效管理大眾媒體，積
> 極發展海外資訊與文化計畫，並加強與中國大陸的文

化交流，因此新聞局向國內外的媒體與個人提供廣泛
多樣的資訊服務。[10]

然而一旦拋開了言辭的包袱，由前幾章所討論的定義
中，我們即可發現新聞局確實從事政治宣傳的活動，以便向
國際社會推銷台灣。

當國民政府在一九四七年五月於南京成立時，底下便設
置了一個國際宣傳部，這個部門附屬於國民黨的文宣部，也
就是說，政治宣傳被視爲黨的工作之一，且其組織也依此立
場而設計。不同於新聞局的是，國民黨並不羞於承認其政治
宣傳的傳統；脫胎於革命運動，政治宣傳是國民黨發展與生
存的重要命脈。被國民黨與共產黨同時推崇爲現代中國創建
者的孫逸仙博士，曾經宣稱「革命要快速成功，百分之九十
必須仰賴消息的傳遞」，同時他強調動員群眾有賴於對他們
的啓發和刺激，因此他在一九二○年創辦了政治宣傳部。蔣
介石也同意孫逸仙的看法，形容政治宣傳是國民黨的主要武
器之一[11]，尤其當中華民國在國際間面對來自共產黨的激烈競
爭時。馬克士（Thomas A. Marks）在研究國民黨政治戰的組
織後指出，國民黨在台灣能夠整合政黨領導，並使之成爲統
一、有效的反革命勢力，政治宣傳功不可沒。[12]直到一九七
三年，國民黨才發現有改名的必要，於是政治宣傳部從此變
爲「文化工作會」（但英文名爲Department of Cultural

Affairs，即文化事務部），並且對「政治宣傳」和「資訊」這兩個詞彙不做任何區分，因此在各種出版品中，這兩個詞彙不斷被互換取代。[13]

　　新聞局位於一個極複雜的政府結構下，對行政院負責，而行政院是政府的五大部門之一（其他四院為立法院、司法院、考試院及監察院），負責政策的制訂，以及所屬部會行政責任的執行。行政院有如政府的右臂，絕大多數的政策都在此決定，然後透過龐大的官僚體系在都會、省府及縣市層級加以實施。[14]行政院長等同首相，即使是在快速民主化的今天，此一職位仍非民選，而是由總統任命[15]，然後行政院長再向總統推薦所屬部會的首長名單，包括新聞局長在內。換句話說，新聞局長是內閣的一員，直接涉及在最高層級的決策制訂，而將政治宣傳家納入對外政策的決策過程中，使決策者獲得接近洞悉策略成敗關鍵的機會，實可謂無比重要，因為若其組織結構足以勝任，政治宣傳家將有機會向政治菁英告知所欲採取之行動的可能後果，以及這些行動的可信度是否會被廣泛接受。

　　政治宣傳與對外政策關係史的錯綜複雜，顯示了許多國家尚未尋得其間的平衡，而那些已經達成某種結論的政府（如美國），則不斷在政治公開與政治責任的矛盾之間，以及專業新聞報導的壓力之下苦苦掙扎。[16]下一章論及《台北紀

事報》與《英文台北評論月刊》的結構和方法時，我們將發現，在新聞局工作的記者們也經常面臨類似的兩難，而其中有不少人都竭力抗拒被當成政府的傳聲筒。

　　新聞局長是政府的發言人，受到兩位副局長的輔佐，他們共同管理八個處、五個室及兩個委員會（詳情請見本章末尾的附錄）。在這所有的部門中，與本書最相關的是國際新聞處，「負責海外資訊的傳遞，以平衡使用視聽與印刷材料向其他國家呈現中華民國的現況，並指示、督導、評鑑新聞局駐外代表」。[17]不過其他部門的職責也有影響台灣國際政宣之處，如資料編譯處涉及了外語訊息的蒐集和分發；視聽資料處在各大使館與代表處為新聞局駐外代表提供多媒體的資源；而聯絡室則負責向駐台的國外記者與來台訪客提供技術支援。此外，另有三個關於台灣訊息和政治宣傳的重要來源：總統府公共事務室，由總統發言人負責「釐清並宣傳政府政策、發布新聞、蒐集並反映民意、處理來自公民的訴求」；軍事發言人室，「負責軍方新聞的發布，以及安排國內外記者到中華民國軍隊的訪問事宜」；以及台灣省政府新聞處。以上各個部門共同負起向全國及國際受眾推銷台灣的職責[18]，因此責任架構複雜且互相重疊，但基本上有三個最重要的國際政宣目標：

1.加強資訊在國際間的傳遞：新聞局向國際社會傳遞
中華民國的目標與辛勤工作的成果，強調中華民國
正向政治民主化、經濟自由化與社會開放化邁進。
新聞局也強調中華民國對國際社會活動的參與，善
盡做為國際社會一分子的職責。新聞局與國外大眾
媒體維持並加強友善關係，隨時提供各種資料，以
使國際社會快速且全面瞭解中華民國政府的政策與
成就。[19]

顯示了政治宣傳加強中華民國的外交，以及他將自己呈
現為「國際社會一分子」的企圖。新聞局負責提倡台灣的正
面形象，並以剩下的兩個目標為達成此一任務的助力：

2.加強蒐集、編纂、印製，以及使用有關中華民國的
資料……

3.加強視聽資料的製作與使用：新聞局製作紀錄片、
幻燈片、錄影帶材料等，以便符合世界不同地區的
需求。新聞局與海外組織合作，並協助他們透過如
新聞媒體、學術圈、教育環境、海外華人社區、海
外學生團體等管道，加強、擴大視聽材料的使用。[20]

新聞局也以英文、西班牙文、法文、俄文、德文、中文
和日文出版了十種不同的刊物、《中華民國年鑑》以及中華

民國電腦網站。簡言之,新聞局對每一種可能的宣傳管道都
加以探索、利用。

　　但新聞局的工作,並未對和中華民國有正式邦交,及必
須透過非官方外交互動的國度做出區分,儘管上述最後一段
文字提及「符合世界不同地區的需求」,其區分畢竟不夠明
確。然而政治宣傳若要成功,便必須對當地的條件仔細考量
——政治氛圍、本土價值、文化制度等——才能吸引不同的
受眾,例如,以華府為基地的福爾摩莎公共事務協會
(Formosan Association for Public Affairs,簡稱FAPA),雖然
只是一個非官方的台灣遊說團體,卻始終以能夠獲致結果的
對象(美國國會)為目標受眾,便是因為FAPA能夠「銷售美
國產品,亦即人權、自由、民主,以及人民的意志與希望。
我們提倡國會議員無法拒絕的議題」。[21]

新聞局在海外

　　瞭解新聞局和外交部的關係至為重要,雖然並不容易。
在形式上,外交部隸屬於行政院,「處理國際協調與各種和
旅居海外之中國國民、旅居中華民國之國外人士,以及和國
外人士之商業事務有關的事項」,根據地理區域及功能分成

了十二個司、六個處，以及八個單位，負責一切中華民國的外交與海外領事事宜。[22]不過正如南非實例所顯示的，外交部的權責其實超過了一般認定的範圍，因此也有可能介入私人公司的商業運作，阻撓台灣資本在南非石化廠的投資。[23]

■駐英台北代表處（一）（任格雷／攝影）

中華民國駐英代表處的歷史，可以說相當模糊且不完整，直到一九七〇年代末期以前，中華民國的駐英單位是大華貿易公司（Majestic Trading Company），處理有關中華民國和英國間的貿易關係，直接向位於台北的經濟部負責。隨後自由中國中心（Free Chinese Centre）建立，但其主管單位仍非外交部，而是新聞局。直到一九八二年，英國政府才允許

中華民國外交部派遣駐外代表至英國，並於一九九二年更名為台北駐英國代表處。

中華民國駐美代表處的發展模式稍有不同：在兩國斷交之前，中華民國以駐華府的大使館為代表總部，並在十個城市——紐約、波士頓、芝加哥、亞特蘭大、休士頓、堪薩斯城、西雅圖、舊金山、克里西柯（Calexico）與夏威夷——設置總領事館，另有三個領事館分別建於波特蘭（Portland）、關島（Guam）以及亞美利堅薩摩亞（American Samoa）。待「台灣關係法案」在一九七九年通過後，中華民國駐華盛頓特區的大使館搖身一變，成為了北美事務協調委員會，直到一九九四年，才又更名為台北駐美國經濟文化代表處。起初中華民國只被允許成立八個辦事處，因此波士頓、克里西柯、堪薩斯城的總領事館，以及在波特蘭等三地的領事館都被迫必須關閉，不過繼卡特政府之後，隨著美國對台態度的逐漸軟化，駐美代表處的情況也獲得了改善，目前駐美代表處共有十三個分支，散布於全美各地，同時名稱上的改變自也有其重要性：正式嵌入「台北」的字眼，象徵著代表處地位的強化，只是這個名稱的選擇，顯然也仍刻意避免任何政治性的聯想。紐約大學教授陳隆志對此類名稱的選擇極其反感，在以中華民國駐南韓代表處為討論個案的一篇文章中，他強調：「用『台北』而非『台灣』，正是國民

黨政權自我輕蔑行動的又一明證，完全缺乏稱台灣爲『台灣』的勇氣與自我尊重。」[24]這種矛盾也滲入了自由中國之聲（Voice of Free China）的國際廣播，有關鄧小平逝世的新聞報導都被逐一檢查，刪除「台灣」或「台灣人」的字眼，一律使用「中華民國」，凡提及「大陸」的部分，則必以「中國大陸」稱之。外交的巨輪經常在這類的細節上運轉。

理論上說來，經濟與文化是駐美代表處的工作重心，也是它在美國提倡台灣的主要方法，不過，駐美代表處在許多功能上都與其他大使館十分相似，組織上包括業務組、簽證及護照承辦、經貿辦事處、新聞與媒體關係等。此外，駐美代表處也贊助了許多全國性和地區性的活動及互訪。

巴黎代表處的名稱近幾年也方剛更新，由原來冗長的「提倡台灣商業及旅遊交流協會」（Association for the Promotion of Commercial and Tourist Exchanges with Taiwan），簡化爲「台北駐法國代表處」（Taipei Representative Office in France），顯示「法國已賦予台灣較大的重要性，兩國之間的關係與交流都在增進之中」。[25]

其實，所有代表處的地位都是受到地主國政府的觀點而決定。以奧克蘭（Auckland）的東亞貿易中心（East Asia Trade Center）爲例，名義上註冊的是一個私人性的紐西蘭公司，但實際上卻是受到台灣的資助，並由中華民國外交部的

官員任職。紐西蘭政府決意不讓這個組織的角色超越私人貿易公司的範疇，於是當茂頓（Robert Muldoon）在一九七五年當選紐西蘭首相，東亞貿易中心向他轉呈來自中華民國的恭賀時，此一舉措竟被視爲超出該中心的合法地位，因此茂頓既不願接受此一祝賀訊息，也拒絕做出任何回應。[26]

東亞貿易中心在一九九一年變成了「台北經濟文化中心」（Taipei Economic and Cultural Center），總部設於威靈頓（Wellington），並被允許「駐外代表」的派駐，而這些遣詞用句在在反映出了雙方如何看待進一步非正式關係的發展。稍早的紐西蘭貿易中心，被拒絕了在首府建立辦公室的機會，只因「首都」本身即具有某種象徵性的意涵，但現在卻出現了四大轉機：一、其與台北的貿易開始超越與北京的貿易；二、到台北的直飛航線開啓，加強雙方的友好關係似已成爲一種必要；三、爲了成功打開台灣市場，支持台北加入GATT和APEC也變成當務之急；四、在一九八九年的天安門血腥鎮壓之後，北京的吸引力正有降低的趨勢。於是基於對雙方功能性利益的體認，紐西蘭和中華民國的關係終於受到提昇，只是對紐西蘭來說，這項關係仍須保持在「非官方」的層次上，以避免觸怒北京，因此紐西蘭政府重複強調：這些新成立的辦公室只能從事低層次的領事與商業活動，以及紐西蘭政府對「一個中國」政策的承諾絕無改變。[27]

每一個中華民國大使館及駐外代表處都包含新聞局的人
員在內，而無論他們身在何處，這些新聞局駐外人員都一致
表示，他們是以完全一樣的方式和態度，從事內容上完全一
樣的工作。但事實上，駐外代表處的權責區分頗爲令人困
惑，例如，一位曾駐倫敦新聞組的工作人員便指出，他首先
必須向台北的新聞局負責，其次才是代表處。代表處的首長
是經由政治聘任的駐外代表，但在代表處內部皆稱之爲「大
使」，以反映他實際上的地位，以及代表處「等同大使館」
的事實[28]，此外在書信往返與代表處所出版的英文刊物中，
大使也都被冠以 "His Eminence" 的尊稱。大使負責管理代
表處的日常事務，但並不指示新聞局的駐外代表如何提倡中
華民國。更具體地說，在倫敦的新聞組主任收到來自台北新
聞局的大綱，列出他所應該提倡的內容，但至於他應該如何
在英國提倡這些內容，則無詳細的指示。據稱這是新聞局全
球辦事處的典型做法。但在另一方面，駐南非代表處的新聞
組組長卻曾表示，他通常先收到駐南非大使的指示，然後才
是台北新聞局的指示，顯示了兩種說法間的矛盾。[29]

　　前駐英大使簡又新稱此結構爲「平行指示」，即每一個
代表處的內部分組（包括新聞組在內），都會收到各相關台
北總部（如新聞局）的指示，然後在大使的督導下執行任
務。簡大使無法指示新聞組代表如何爲台灣提倡何種形象，

因為這些議題都在台北由新聞局加以決定，透過各部門的彼此協商（尤其是新聞局與外交部之間），然後由行政院做最後定奪。[30]

不過當我們進一步檢驗駐英代表處的結構之後，困惑卻不禁更深了：代表處內有一個業務組（Division of Public Affairs），易言之即政治組，只不過採用不同的名稱，減低代表處的政治意味，以避免來自英國與中國政府的雙重壓力；其他部門則是有關經濟、文化、科學及領事事務；最後還有一個新聞組。這些部門都各有不同的權責，但工作內容卻經常互相重疊，例如，經濟組和業務組可能和新聞組一樣介入了信息和政治宣傳，儘管他們在表面上應是彼此平行的組織。而駐英代表處的複雜架構並非絕無僅有[31]，芭芭拉·克魯格（Barbara Krug）便指出，中華民國駐德代表處的組織也是同樣令人混淆，阻礙其「行銷」的工作，她寫道：

> 值得注意的是，台灣努力提高對德國大眾的影響，保有比在美國更多正式及非正式的辦事處……。但截至目前為止，此一外交及政治上的攻勢卻很沒有效率，……與這些辦事處缺乏協調而行動混亂不無關係──這是因為他們受到不同的台灣機構，如外交部、新聞局或國科會分別控制的關係。[32]

此事有其嚴重性，因爲分割的責任可能導致破碎的訊息，從而造成缺乏可信度及混淆的政治宣傳。唐耐心（Nancy Bernkopf Tucker）稱所謂的中國遊說團（China lobby）爲「中央控制的機器，在美國有效注入金錢、魅力和政治宣傳」[33]，她根據前中華民國駐英及駐美代表顧維鈞所發表的文字，生動描繪出了政治宣傳受到混淆及分裂主義破壞時的圖像：第二次世界大戰方剛結束時，太多人介入了對美的公共關係，「顧（大使）始終無力掃除這些障礙，但由於他的大使地位，使他必須負責。他經常爲無效能與無效率的工作而受到譴責」。[34]唐耐心爲顧維鈞感到相當無奈，表示「他瞭解重量級人物不適時或不當進行之訴求所造成的影響，因此奮力調和中國的宣傳工作，可惜到頭來依舊效果不彰。」[35]

　　前英—台國會小組（British-Taiwan Parliamentary Group）主席包威爾（William Powell），因與台北駐英代表處接觸頻繁，對於上述提及因責任分散而造就的問題也有相同的體認。[36]但該小組的另一位前任主席古德哈特爵士（Sir Philip Goodhart），則站在較爲同情的立場，指出代表處在英國外交部的各種禁令下，面臨著極大困境，而且「香港問題的陰影也籠罩了一切」。[37]

　　值得一提的是，這種表面上的混淆，乃是因爲今天有相當份量的台灣外交——無論正式與否——都是功能性的本質所

致，因此新聞局官員隨時準備將需要特殊專長（如經濟）的職權，轉移至其他特定的部門。這當然也反映了一個事實，即台灣很大一部分的海外宣傳都是以進一步貿易關係與投資為主，正如丹尼斯‧賽門（Denis F. Simon）所發現的，國外投資人成為在本國提倡台灣的重要支柱，賦予台灣「在政治愈益殊離之情況下的全球性認同」。[38]於是企業界成為政治宣傳家鎖定的對象，盡可能「餵養」商業團體，而不企圖影響他們。[39]大華貿易公司在一九七四年於倫敦成立，向台北的經濟部負責，「扮演英國和台灣商界的橋樑，進行貿易、投資與技術轉移的操作」，並「與（英國）貿易工業部（Department of Trade and Industry，簡稱DTI）密切合作⋯⋯」。其主要任務是提倡兩國間的貿易關係並協助投資人，但也可做為兩國間的溝通管道，例如，台商所遭受的不公平待遇，便在每年一度的中華民國──英國經濟會議中，受到英國政府的重視。[40]

在大華貿易公司之外，另有一個台灣貿易中心（Taiwan Trade Centre）[41]，進行了許多「策略聯盟」，意在「英國與台灣對等的機構間建立策略性的聯盟關係」，而這在美國、法國、德國、義大利的公司間亦可復見。到一九九八年八月時，中華民國在世界各地共擁有六十個這種策略聯盟夥伴；此一政策乃是由經濟部於一九九三年制定，目的在提高「台

灣的技術與經濟發展」。[42]台灣貿易中心提供了許多非正式的服務，包括接受書面貿易諮詢、出版刊物、圖書館服務，以及提供台灣工廠與進出口業者名單等，這些活動都是以向中、英商界提供儘可能豐富的商業資訊爲目標。[43]這類關係的潛在影響力不容輕忽，因爲貿易的議題突破政治與外交的界線，投資人與企業家往往比官方代表更能和英國政府建立穩固的聯繫，也享有較容易接近的管道，因此他們成爲提倡台灣的重要力量。企業成爲具有強大威力的政治工具，在中華民國不可能建立正式外交關係的地方，發揮重要的聯繫功能。雖然各地代表處的工作人員一致表示，他們不對企業施壓，要求他們扮演政府的說客，但不容否認的是，企業界對於政治與外交氣候的微妙演變自然非常敏感。中華民國與其他國家密切的商業及貿易往來，在今天互賴性愈形增強，並以商業取向爲主導的世界，即使在沒有外交關係的國家裡，都是對中華民國地位的強烈提示。一位歐洲高層官員便曾坦承，他相信「我們在台灣的發展，比和一些與我們有正式邦交的國家更多。事實上，商業與貿易是我們關係的主要元素，如果以此爲比較標準，我們確實和台灣有著非常實質的關係」。[44]到一九九七年底時，英國與中華民國的貿易總值達三十二億英鎊，比過去四年來增長了百分之六十六，正如簡又新所表示的：「台灣視英國爲歐洲最有利的投資地點，我

們百分之八十在歐洲的投資都在這裡。」[45]

　　貿易也是大使館或代表處能否獲得資源執行工作的關鍵因素。雖然簡大使上述的談話冠冕堂皇，但中華民國投資在整個歐洲的預算僅只皮毛，而倫敦代表處的財源又僅是歐洲預算的區區之數而已！理由很簡單：中華民國與美國、日本有更為密切的貿易聯繫，所以傾注資源在此二國提倡台灣可謂理所當然。台北駐日經濟文化代表處的主要接觸對象，是日本貿易工業部（Ministry of Trade and Industry），以及處理台、港、南韓及中國關係的部門。根據報導，駐日代表處的經濟組組長曾欣然表示，他「現在已和有階級的日本官員有了較多接觸」[46]，換句話說，日本和中華民國雖然缺乏正式外交關係，但與貿易相關的議題提供了兩國政府官員的溝通管道，克服了缺乏官方外交的障礙。澳大利亞與中華民國關係的提昇也是循此途徑，導致了澳大利亞駐台北貿易辦事處的成立。[47]

報導台灣

　　對福爾摩莎的興趣，（通常）源自發生在中國大陸的

事件。只有在做爲大陸權力的競爭者，以及做爲被美國承認具有此一權力之合法地位的政府時，台灣才吸引了全球的注意力。……然而一旦韓國與中國的問題解決之後，福爾摩莎便由最近浮現之處再度跌回相對的默默無聞中。

——夫烈德·利格斯（Fred Riggs）[48]

做爲派駐無邦交國家的新聞局代表，工作可謂備極艱辛，許多因素都能成爲阻撓，尤其當對台灣所知甚少時，要提高對台灣的興趣更非易事。一九五〇年，在杜魯門發表了一項重要的政策宣示後不到一個月內，一項民意調查發現，全美只有百分之六十的受訪者聽說過福爾摩莎（國際間在當時仍以「福爾摩莎」稱台灣），而這其中更只有五分之四的民眾「差不多能夠」說出福爾摩莎在當時的重要性[49]；根據蓋洛普公司（Gallup）在一九五〇年六月所做的調查，百分之三十五的受訪者甚至完全不知道中國有了一個新的共產黨政府。[50]到一九六四年時，儘管當時美國在東南亞的介入已日益增加，但根據密西根大學（University of Michigan）所做的一百五十一份問卷調查，仍有超過四分之一的民眾不知道中華人民共和國是共產國家，百分之三十九的的民眾不知道還有另外一個中國政府的存在。[51]難怪密西根研究小組認爲，這些數據顯示了「國民黨做爲另一個存在的中國政府，

對大多數美國人而言，並非顯著的事實」。[52]可見中華民國在政治宣傳上，大有必須加強之處！不過即使是今天，情況也未出現太大的改善：倫敦代表處的工作人員指出，他們最頭痛的事情，便是每天都會接到打給泰國大使館的詢問電話[53]。

新聞局代表所面臨最根本的問題之一，在於他們缺乏接近使用媒體的管道，而由此也最能顯出有無正式外交關係的不同。邦交存在的地方，媒體的接近與使用都不是問題，正如中華民國與南非斷交之前，陳天爵組長便指出：「我們以媒體工作者為目標……，我享有很多接近使用媒體的機會……，一般而言，比起其他被派往無邦交國的同事，我有較容易接近媒體關鍵人物的管道。」[54]自兩國於一九九七年斷交之後，情況倒未改變太多，接近使用南非媒體的機會仍然持續，不過代表處卻也發現，南非媒體上有關中華人民共和國的報導明顯增加，而傾向北京的報導與傾向台北的報導比例為三比一。代表處認為此一現象是受到南非民眾對一九九八年亞洲金融風暴的關注所影響。[55]

駐外代表們指出，在西方媒體時而做出負面報導的情況下，要提倡台灣的正面形象往往困難重重。舉例來說，對濫殺稀有動物製成中藥的反應是極為常見的主題，新聞局官員表示，此類報導遮掩了中華民國在人道上較正面的貢獻，如在盧安達（Rwanda）、亞塞拜將（Azerbaijan）等地的努力；

同樣的，台灣的戒嚴法，以及隨此而來的中華民國軍事主義惡劣形象[56]，一向令政治宣傳家感到難以辯白，使他們極不樂見西方媒體所採取的譴責性報導風格，但也承認，「戒嚴法是國外人士所知道有關台灣的少數事項之一，因此改變這個形象，將會造成很大的不同」。[57]外交官與政治宣傳家在地主國所面臨的挑戰，便是要改變某些議題在媒體與其他領域被形塑與詮釋的方式，使之較為符合本國政府的目標。[58]

　　影響地主國的媒體，毋寧是駐外代表最重要的責任之一，因為媒體與大眾意見的形成有著密切關係。前駐美大使沈劍虹顯然很清楚這一點，他寫道：「因我早年擔任過新聞記者，凡我所到之處，必注意與新聞媒體工作者培養友誼。……我（在華盛頓特區）和其中多位都建立直呼其名的關係，並發現這些關係對施展我的大使職責大有俾益。」[59]無可諱言，和英國媒體比較起來，美國媒體對台灣的興趣向來較高，主要是因為「中國問題」在美國內政與外交政策上持續有其重要性所致，也所以「如果美國打個噴嚏，台灣就罹患感冒」！[60]許多研究都顯示了美國新聞界對台灣議題的重視，即使當兩國斷交後依舊如此[61]，而這與此類議題被塑造成容易受到美國政治及輿論界消化的方式有很大關聯，例如，將之包裝成熟悉的語言、象徵符號，以及和冷戰有關的詮釋架構等。

在缺乏正式關係而幾乎不可能接近地主國政府的地方，透過媒體向當地民眾傳達訊息有其迫切性。沈大使的記述再次做了印證，當他離開美國之前，電視網要求他錄製一段臨別談話：

> 我要求美國民眾讓他們的國會代表知道，他們對卡特政府處理所謂中國議題的方式做何感想，並力求美國大眾一定要盡其所能，將對在台之自由中國人已造成的傷害降到最低，好讓他們能夠保衛自己的生活方式，對抗中國共產黨所可能採取的行動。[62]

不過這個例子只是特例，因為由沈大使回憶錄的字裡行間看來，他多將美國媒體視為美國政策的消息來源，而非溝通的管道。他說台北外交部曾對華府與北京互設辦事處一事發表回應，而身為駐美大使，他必須在美國發布、解釋並保衛這項聲明，但他表示：「跟我國政府之前所曾發出的所有聲明一樣，這項聲明幾乎整個被美國傳媒界忽略了。」[63]

問題是，唯有當驚天動地的故事發生時，媒體才會對台灣感興趣[64]，而此乃駐英代表處所發現的最大障礙。這些故事必須要有戲劇性，甚至充滿衝突性，才能激發足夠的興趣，因此前新聞局長胡志強曾慨然道，台灣政治與社會所經歷的重大轉變，「或許因為這些改革的達成並非以血腥或社

會動盪爲代價，……它們竟未吸引足夠的新聞報導或注意」。[65]一九八七年時，傳播學家馬奎爾（Denis McQuail）曾指出「一種普遍的新聞偏見模式」，他說：「新聞通常不會處理遙遠且在政治上無關緊要的國度、非菁英分子，……長期無戲劇性的過程（如社會的演變本身），以及各式各樣的『好消息』。」[66]這些元素恰與台灣的政治演化不謀而合。唯有加入更具爆炸性的因素時——例如，一九九六年來自中華人民共和國的武力威脅——台灣才被視爲具有足夠的「新聞性」，於是在一九九六年總統大選期間，超過六百名來自世界各國的記者齊集台灣。前《英文自由中國評論月刊》編輯布里基斯（Bill Bridges）便曾語帶譏嘲：「當台灣連文帶圖出現在我們印地安那（Indiana）小報的頭版時，我們知道那一定是很嚴重的新聞了。」《奧克拉荷馬日報》（*Daily Oklahoman*）也在一九九六年發表了一篇文章：「統治中國大陸的人簡直跟納粹集中營的守衛一樣邪惡，他們對國家安全的威脅，有如伊拉克的胡笙（Saddam Hussein）。」[67]

　　此類報導的根本問題是整個忽略了更大的背景，使受眾變得很難將對台灣的瞭解，從中國政治加以抽離。英國第四頻道新聞（Channel Four News）編輯莎菈·奈森（Sara Nathan）坦承：「那次選舉必須以軍事操作爲（報導的）主軸，實出於不得不然爾。」[68]而一旦將議程設定的問題，與

一般市民對國外事務普遍低落的知識相加乘時[69]，情況就更不樂觀了！對中華民國的報導，必須仰賴媒體為大多數漠不關心的民眾攫住有趣的事件，然後為他們詮釋這些事件，因此媒體決定要為新聞故事所做的某種「扭轉」（spin），可能也就成了此一過程最重要的元素——危機之所以是「危機」，往往只因為媒體如此報導，使用了選擇性的畫面與字眼，以某種特定的方式呈現這些事件。於是更大的背景在此過程中遺失了：「當新聞報導使美國民眾在那段期間具有高度的台灣意識時，媒體卻未給予民眾更多關於那個島嶼的訊息、情況，或有關第一次總統直選的消息。統籌性的意象只是『勇敢的小台灣』，在美國艦隊抵達後終於可以稍鬆一口氣。」[70]

單純把訊息「餵」給記者的問題是，這些訊息將永遠受到編輯的主宰。另外一個辦法是創造自己的新聞議程，例如，設計偽事件（pseudo-events）或宣傳噱頭等。李登輝在一九九五年的訪美行程，捕捉住了全世界媒體的焦點，美國、日本與香港的媒體都表達支持與中華民國建立更親密的關係[71]。正如《英文自由中國評論月刊》所指出的，這些報導幫助提高了對台灣的注意[72]，「如果你到街上問加拿大人李總統是誰，他們現在都知道。」《英文自由中國評論月刊》在報導康乃爾之行時寫道：「在那之前，他們對台灣的知識是非常有限的。」[73]

到目前為止，新聞局對這類製造宣傳方法的探索仍相當不足，可能是因為無論外交官或新聞官，都未曾接受如何有效運用媒體的訓練所致，因此駐外代表通常只能以偶爾在地主國刊物發表的讀者投書或意見／短評為滿足。陳建勝在倫敦時曾發表不少信函，其中一篇刊載於一九九七年二月二十八日的《每日電訊報》（*Daily Telegraph*），接獲了來自ICI公司的回應，形容那是一篇「輝煌的」投書，另外幾封信件刊載於《經濟學人周刊》；同時陳主任也經常在英國廣播協會全球服務網（BBC World Service）接受訪問。同樣的，透過芝加哥辦事處，新聞局局長也曾在當地報刊發表過文章[74]，包括新聞局在美國、日本、加拿大、俄羅斯及澳大利亞主要報紙上所贊助的廣告，內容為「慶祝聯合國五十周年？不要遺忘了那失落的一片！」。這則廣告將聯合國五十周年慶的主旨設計為拼圖的形式，其中以台灣為形狀的那一片顯然遺失，同時此一圖案也被製成「聖誕卡」，由各地代表處對外分發。這項政治宣傳是為了強化特定政策而設計──連續四年來，中華民國積極爭取重返聯合國，而為了推展這項運動，胡志強也曾在紐約對海外新聞俱樂部（Overseas Press Club）發表一項重要的政策演說。[75]這些或許都是很小的步伐，影響力有限，但畢竟都正面提昇了中華民國的知名度。

　　此外一個成功且有效的措施，則是給予國外記者便於進

入中華民國的機會，而新聞局駐外官員最重要的工作之一，便是鼓勵並安排國外媒體到中華民國做訪問。因為中華民國勤於和國外記者培養良好關係，因此他們在台灣經常被尊為上賓[76]，同時這也不是最近才有的發展：一九四六年八月至九月間，省政府新聞處便曾不計花費，招待了二十六位在台灣的國外特派員。此一做法有時妨礙了記者的調查報導，如《基督科學監察》（*Christian Science Monitor*）的史蒂德（Ronald Stead）埋怨道：「截至目前為止，我們的時間全被吃飯所占滿，四處受到最熱烈的款待，但只能做非常廣泛、浮面的觀察，幾乎沒有時間衡量情況。」[77]一九九八年五月二十四日到六月三日間，新聞局和以台北為基地的「國際合作發展基金會」（International Cooperation and Development Fund）聯手，贊助了來自十五個邦交國的媒體代表蒞臨台灣，這項短暫的行程使他們有機會親睹中華民國的發展，其中一位代表指出：「耳聞確然不如眼見。」[78]然而代表團在新聞局安排的緊湊行程下，看到的確是台灣的真實圖像嗎？

做為新聞記者，除了特稿的殊榮之外，有時也有其他的酬庸。麥克里爾・貝特在一九五二年寫道：

> 一位西方記者向他的中國「友人」抱怨——他知道此人乃是外交警察（Foreign Affairs Police）的一員——

他住宅外面未鋪柏油的道路磨損了他的輪胎。這位記者說，一道條件如此之壞的馬路，對自負於高效率的政權是一種驚人的反諷——一個當時亟欲在西方創造良好印象的政權。修路工人第二天一早就到了。[79]

不過貝特也清楚點明了中華民國對英國的看法：「英國訪客在總統府絕不受到正式歡迎。三年多來，蔣（介石）始終拒絕跟任何新聞記者談話；對於他被盟友的『一再背叛』大感憤怒，他的態度，據說已接近為一種央格魯恐懼症（Anglophobia）！」[80]

一九九六至一九九七年間，媒體對中國、台灣、香港的興趣升至最高點，各地的大使館與代表處都忙於安排國際媒體到中華民國訪問。報導香港主權移交的記者，都被鼓勵順道前往台北，一睹香港被割讓給英國的原始文件。這項文件典藏於台北外交部，提供了重要的歷史延續感，代表處則成為有興趣蒐集進一步訊息者的聯絡焦點。

除了尋求接近使用地主國的媒體之外，必要時，新聞局也須和中華人民共和國的大使館辯難。大多數的新聞局代表表示，和中華人民共和國間並無明顯的敵對關係，正如南非的陳天爵說：「和中華人民共和國間並沒有競爭。我們做我們的，他們做他們的。」[81]不過代表們同時也注意到，來自

中華人民共和國的政治宣傳可能具有殺傷力。陳建勝在倫敦時的工作之一，便是要矯正他所認為來自中國大使館的扭曲訊息，但這項工作有時又會帶來其他的問題：「倘使我做得太過頭，『另一邊』就會向你的政府抱怨。⋯⋯我們並不想讓你的政府難堪。」雖然多數新聞局官員都表示，他們並不從事對北京的反政宣，但有時卻不得不對中華人民共和國所發動的攻勢散布回應的訊息。例如，中華人民共和國在一九九三年發表了一篇文章，題目為「台灣問題與中國的統一」（The Taiwan Question and the Reunification of China），要求所有和北京享有正式邦交的國家，絕不可和台北建立類似的關係。中華民國並未立即反應，也未對此延宕做出說明，但在一九九七年三月時，新聞局終於發表了一篇反駁的文件，題名為「透視『一中』問題的表面⋯⋯試圖澄清問題（Looking Beneath the Surface of the 'One China' Question ...... in an effort to clear the air）」，因為「中華人民共和國將其一中版本強加於國際社會，模糊了事實。⋯⋯中華民國在世界各地的使館與代表處都被要求發布回應，幫助有興趣瞭解此一問題的人士正確透視。」[82]

陳建勝指出，他無意以反政宣干擾中國與英國的關係，他說：「這並非一場零和賽局。這是我接獲的指示。」此一談話相當具有啟發性，暗示了對外政策、外交以及政治宣傳

■駐英台北代表處（二）因中國大陸的抗議，無法在大門外懸掛國旗或使用更醒目的標示，是我國駐各國代表處共同面臨的難題。（駐英代表處提供）

間的密切關係。[83]當然，根據所檢驗地區的不同，情況也將有不同程度的差異，例如，在中美洲，由於多數國家皆與台北維持全面的外交關係，新聞局的工作也就幾乎沒有什麼問題。[84]中華民國在梵蒂岡的大使館，處境則比較特殊：梵蒂岡是唯一承認台北的歐洲「國家」，但台北和義大利則無邦交關係，因此在地理和政治如此特異的環境裡工作，加上複雜的外交與政治結構，情況有時相當棘手。中華人民共和國透過和義大利的正式外交管道，如果對中華民國駐梵蒂岡大使館有所不滿，駐羅馬的中國大使館便會向義大利政府申訴，義大利政府再向梵蒂岡陳情，於是中華民國大使館就會收到來自教廷的警告。而在美國，這種競爭有時也相當具有破壞性。駐芝加哥的台北辦事處曾威脅起訴歐亥爾國際機場

（O'Hare International Airport），因為在收到來自中國大使館的抗議之後，該機場竟決定撤走台北所印製鼓勵到台灣旅遊的廣告海報。台北辦事處指出，此海報完全是在符合中國大使館各項要求下的純商業性安排，該機場若決定撤走海報，便是違約。於是到一九九七年九月時，這些海報仍然張貼在歐亥爾國際機場！[85]

　　傑夫・貝里區曾說：「使者對當地司法的豁免權（以及接受來自地主國政府為其尊嚴與安全而提供的特殊保護），構成了外交最基本的特色。」[86]某些代表處在保有外交方面較具象徵性的排場上，確比其他代表處成功一些，例如，在美國，「台灣關係法案」使駐美人員得以享有全面性的外交特權及豁免權。一九九一年時，駐澳大利亞代表處的工作人員也都一律獲得了特權及豁免權，因為澳洲政府決定，根據國際法，雖然他並未正式承認中華民國，但台北代表處仍應被視為一種使館。[87]同年，駐泰國代表處（Taipei Economic and Trade Center）也獲得了全面的外交特權。不過正如駐日人員心知肚明的，這些外交特權通常都是一種默契而已，明文規定即有觸犯北京的危險，因為外交特權一般只和受到承認之國家的全面外交活動有關。[88]所有日本國民申請進入中華民國的簽證，都會被轉送至南韓處理（駐南韓人員享有全面外交豁免權），以避免任何法律上的糾紛。[89]

南非自兩國斷交後，對待中華民國外交官的態度相當謹慎，表示：「中華民國人員……將能在實質上享有與斷交之前相同的便利和待遇。」[90]這種外交豁免權及特權的問題，並非只有政治性的駐外代表才會面對，新聞局駐外官員也一樣，例如，陳建勝便曾埋怨，身為駐英「外交官」，但他還是得支付各種英國稅金。而這並非只是簡單的納稅問題而已，外交特權的被拒，是中華民國特殊地位的一種表徵，也是地主國所發出之強烈、負面的訊息[91]，阻礙了代表處的工作，包括不得在代表處門外懸掛中華民國國旗，以及不得在名片上使用國旗的標誌等。[92]位於倫敦的台北代表處門外，只能嵌上一塊不顯眼的招牌，避免招惹中華人民共和國的抗議。值得注意的是，一九七〇年代間，當美國與中華民國仍保有正式邦交時，北京的「聯絡辦事處」（liaison offices）約莫有如今天的台北「代表處」，但當時的北京辦事處人員皆享有全面的外交豁免權及特權，包括最高駐美代表有在外被尊為「大使」的權利，同時當中華民國的力量式微之際，北京聯絡處在國務院及各政府部門接近層峰的管道即已日漸提昇。最後台北與美國的關係正式斷絕，但中華民國駐外代表所享有的外交特權，卻低於北京聯絡辦事處時代的權利。[93]紐西蘭在一九七三年與中華民國斷交時，使館人員的豁免權，竟在他們離去之前即遭撤銷，同時紐西蘭外交部也禁止

各政府機構使用「中華民國」的字眼，指示須以「台灣」稱
之，表示其為中國地理上之一省而非一個政府，並要求各政
府機關避免任何造成兩個中國的用詞，包括指稱「共產黨」
或「大陸」等。尤有甚者，紐西蘭官員「受到指示，不得在
辦公室內接見中華民國官員，或任何半官方或政府相關機構
有官方地位的人士，亦不得接聽他們的電話或與之有任何型
式的接觸。外交部建議退回信件，對有官方地位或疑有官方
關係之寄件人不做任何回覆。」[94]

　　上文曾提及將政治宣傳家納入對外政策過程的重要性，
因為他們能夠接近使用資訊，知道他國政府及民眾對特定訊
息如何反應。新聞局駐外官員扮演了資訊蒐集者與報告者的
角色，監察當地媒體[95]，和背景儘可能多樣化的人們交談，
當他們認為所獲得的訊息有價值時，便寫信向台北的新聞局
報告[96]：

> 沉浸於當地環境──追尋媒體，在各種社交及地區性
> 場合與人們打成一片，與政府和軍方官員保持常態性
> 接觸，與其他外交圈的成員交換訊息，然後在某些情
> 況下，經常與政府領導人聯絡。使館人員是為政治領
> 袖提供訊息及報告的理想人選。[97]

　　中華民國駐外代表顯然也希望能「在各種社交及地區性

場合」與大眾接觸。陳建勝表示，一九九七年時，他有許多
和媒體、學界、企業家們討論達賴喇嘛訪台、香港未來，以
及英國大選的機會，但他也不忘和計程車司機、逛街購物
者，以及在代表處對面公園午餐之一般辦公人員交換意見。
不過，代表處人員並不能正式和地主國政府或軍方官員接
觸，甚至不能和其他外交團的成員打交道，因此仰賴非正式
管道獲得的訊息，品質不無疑問。這些資訊雖然有其價值，
卻無法取代透過正式系統所獲致的資訊。[98]

　　基於商業關係，駐倫敦代表處及大華貿易公司都和英國
外交部有非正式的聯繫[99]，但中華民國除了和少數政府建有
正式邦交外，其駐外代表並不被接受為外交社會的一分子，
因此他們的外交特權及正式管道受到否認，限制了台北資訊
流向的往返。[100]中華民國的駐美代表瞭解這個問題，因此努
力和基層發展強而有力的關係，以便影響國家層級的決策
者，正如羅賓遜（Thomas W. Robinson）所曾指出的：

　　其結果便是在任何可能地點成立團體的廣大運動——
　　通常是某種專業協會，由以台北為取向的美國華人團
　　體領導——或向已存在的團體投注基金，或提供其他
　　誘因如到台灣訪問等。於是全美各地的團體如雨後春
　　筍般設立，主要任務（除了專業交流之外）便是在美
　　國國會、州立議會以及州政府進一步爭取台北的利

益。……

其用意是要以美國人與台灣華人之間，在各種活動上
所建立的私人關係爲基礎——政治領導人、商業人
士、學者與學生、遊客，以及雙方社會的許多特別利
益團體——使台灣能對美國做訴求。[101]

此一策略很成功，由國會中針對「台灣問題」的投票情
況即可證明。一九九三年，駐美代表處更開始僱用專業遊說
團體「卡塞迪公司」（Cassidy & Associates），以便「說服國
會議員接受台灣政策的正當性」。不過嚴格說來，這個公司
所服務的對象是台灣研究所（Taiwan Research Institute），而
非中華民國政府。此類遊說工作的成功與否，可以國會中支
持台灣的投票數來衡量，尤其是動員國會對抗來自國務院的
反對，支持一九九五年李登輝的康乃爾之行，更顯成效卓
著。[102]羅賓遜總結道：

國會中對台灣支持的程度，由一位議員的評論可爲表
徵，指出「台灣知道如何善待美國國會議員」，包括
到台北訪問，以及其他的優惠等，但北京則不然。此
一結論似屬正確，經過如此漫長的時間，台北的政治
努力已滲入美國社會最基層，尤以國會爲主，終於獲
得豐碩的回報，至少短期間如此。

卡塞迪公司所獲得的回報更是豐碩，據報導，其三年來的工作酬勞共爲四百五十萬美元。[103]

　　據瞭解，一九九五年間，台灣在美國遊說團上的投資達七百二十萬美元，中華人民共和國的花費則爲四百七十萬美元。[104]不過卡塞迪公司並非首位受僱於中華民國的專業公關組織，「百萬人士反對共產中國加入聯合國委員會」（The Committee of one Million Against the Admission of Communist China to the UN，此後簡稱爲百萬委員會），也曾受聘爲中華民國提高美國大衆及政府的支持度。巴哈拉克（Stanley Bachrack）對此委員會進行過深入研究，指出古德溫（William J. Goodwin）在一九四九年時，曾被形容爲「高薪宣傳家……授命於中國國民黨政府」[105]，然而中華民國駐華府大使館對古德溫日漸不滿，認爲他的工作「差強人意而絕非一流」，且其方法「太有限。他不會也不能接近報紙和廣播。我們需要的是一位有聲望及影響力的人士，不只能接近國會，也能接近大衆」。[106]

　　巴哈拉克揭露了同情者如何爲中華民國展開遊說工作，其研究的重要性有二：第一、他清楚點出了大使館與「百萬委員會」間的關係，該委員會的秘書利伯曼（Marvin Liebman），與中華民國的駐美大使保持頻繁而密切的接觸，徵求對委員會宣傳活動的意見和建議。[107]第二、巴哈拉克的

研究亦顯示，中華民國本身在這方面的努力是非常有限的，必須仰賴委員會及心意相通的美國同情者爭取政治及大眾支持，啓發受眾對中華民國直接從事之政治宣傳有更深的認識。我們很少看到台灣的駐美官員如何答覆利伯曼的信函，同時他們對委員會下達要求的次數也出奇地少。[108]委員會多半是獨立作業，對美國輿情及美國政治環境的變遷做出快速有效的反應。舉例來說，對於出現在各種美國報刊上支持中華人民共和國的信件，利柏曼在接到中華民國大使的要求之前，老早便已做出回應。[109]中華民國大使館的貢獻主要是財務經費，以及在遠東各地傳遞政治宣傳的資料。當然，如果大使館與委員會間顯出了關係親密的跡象，對兩者都很不利，畢竟，美國反共宣傳的訴求重點之一，便是北京與「赤色中國」（Red China）遊說團體間密切而隱晦的連繫，中華民國自然不願被指控從事類似的活動。

型式與內涵

當共產黨在大陸獲勝前，中華民國的對美關係建立在許多私人關係上，這在中華民國仍與美國維持正式邦交期間亦然。前駐美大使沈劍虹指出，他在一九七六年的美國總統大

選前，曾應邀參加美國政黨大會，以及各種為外交官所舉辦的旅遊、招待、簡報等，被奉為上賓，同時這些活動也使他獲得擴大影響層面的機會，因為他能「接觸不住在華盛頓特區的美國政界活躍分子。這些多為商界人士，是選舉經費的支助者，因此其言論對政黨立場及政策具有相當份量」。[110]另外，沈劍虹表示當他出任駐澳大使期間，澳大利亞於一九六六年正式承認外蒙古，造成澳洲與中華民國間的緊張，不過因為他在政府及反對黨都已建立了有利關係，因此他適時地「警戒了我們在國會的友人……」。[111]

在此類私人性的宣傳工作中，最重要也最有效的莫過於宋家王朝，他們是中華民國近代史最富影響力的家族，與美國具有密切的聯繫。[112]這些活動都發生在正式外交管道之外，以中華民國某些菁英分子為主導，特色在克服美國對中華民國的特別敏感度，尤其是針對蔣介石個人所帶來的問題。正如夫特（Rosemary Foot）在描述一九四九年的中美關係時指出的，到了中國內戰晚期時，美國大眾對於中華人民共和國的態度至多只能說是「漠不關心，共產黨與國民黨兩者都被普遍不喜」。[113]

因此中華民國在美國花費大筆金錢的促銷工作，也就變得至關緊要。前台灣省行政長官陳儀在一九四六年時便曾發現，省政府新聞處必須處理來自美國新聞界愈益不友善的報

導[114]，此外國民黨政府駐華府的大使館，也必須從事「特殊活動」以提高對蔣政權的支持。當時曾有人建議必須「發動一項『恐懼』運動，藉由所有新聞及廣播媒體，強調共產主義在中國蔓延對這個國家（美國）所將造成的危機」。[115]所有宣傳都是以大使館提供的資訊為依據，並符合中華民國政府的政策，而當全力為中華民國塑造正面形象之際，許多資源自然也以醜化中華人民共和國為焦點。[116]為達到此一目的，國民黨投資大筆經費籌辦報紙、僱用中間人、公關公司及專業遊說團體，在美國推銷台灣，並提倡蔣介石與蔣夫人反共基督徒的形象，奮力保衛傳統的美國價值觀。此處使用「推銷」一詞有其用意：駐華府使館所聘任或僱用的公關專家，都是採取此一態度，跟他們促銷其他產品一樣，例如，其中一位顧問便曾是可口可樂公司（Coca-Cola）副總裁，以及泛美航空公司（Pan American Airways）執行副總裁所推薦的人選。[117]

大使館僱用了諾曼‧培基（Norman Paige），他是前美國廣播公司（American Broadcasting Company，簡稱ABC）特派員，對遠東事務具有豐富經驗，曾主持過菲律賓「最好的」廣播電台。培基知道媒體對中國處境的關心已呈疲軟，表明：「我們必須把你的故事調回到第一版，但若沒有壯觀的新聞故事可述說，這項任務將極為艱鉅。」[118]培基在美國傳

媒界有許多關係，他對這些關係也充分加以利用，他所發出的許多宣傳和報導，都能在報紙上與廣播中獲得發布，他承認和美國許多一流的專欄作家「非正式且非官方地……安插了文章」。[119]

　　其他支持中華民國的組織及個人便比較不那麼專業，但重要性亦不可輕忽。一九五一年六月的《國會階層周報》（*Congressional Quarter Weekly Report*），列出了十個在美國的國民黨註冊機構，以及其他七個方剛結束的組織。[120]此外，中華民國也極度仰賴宗教團體自願爲其服務：「美國各鄉鎮的教堂，都成爲既存的便利工具，散布有關中國最高基督徒家庭的新聞。……共產黨在中國的勝利，如同反基督勢力在亞洲的勝利。」每當國會決定討論對中國進一步的援助方案時，報上都會出現以蔣家「豐富精神生活」爲主題的報導。[121]「羅特利國際組織福爾摩莎分部」（The Formosan Chapter of Rotary International）適時扮演了全球性「恰當政宣」的角色[122]，正如「聯合中國救濟組織」（United China Relief，後來更名爲中國聯合服務，即United Service to China），也一再宣揚向美國民衆推銷中國的必要性。[123]這些努力都激發了一股親中——或者更精確地說，親中華民國——的媒體浪潮，包括各種影像、材料、演說、運動和集會等。一九四三年的高潮之一，便是蔣夫人的環美之旅，以說服美國調整歐洲優先

的策略爲任務，提高對國民黨經濟和軍事的支援。她是極具吸引力的政治宣傳家，因爲對美國人來說，她不只將中國個人化，也爲他們提供了很容易認同的形象：受美國教育、基督徒、反共產主義，而且是女性。《時代》周刊甚至指出，她「看來更像是下一期《時尚雜誌》（Vogue）的封面女郎，而非爲四千四百二十萬人民請命的復仇天使」。[124]

> 她的公開露面吸引了廣大、興奮的人潮，……因爲她爲美國人所希望相信的中國，提供了活生生的實例。做爲新一代的基督徒，而且顯然是廣受歡迎之中國領導階層的一分子，她啓發了感性及浪漫化的聯想，甚至對在戰前從未注意過亞洲的人們亦然。

據估計，出席蔣夫人聚會的人數在紐約市政府達五萬人，在芝加哥達兩萬人，但透過廣播聽到她演說的群眾更是不計其數。[125]

　　不過也曾有人提出質疑，如《芝加哥每日論壇》（Chicago Daily Tribune）便語帶困惑地指出，面對多數以廣東話爲母語的芝加哥華人社區，蔣夫人仍以國語演講，「彷彿每個人都聽得懂她談話似的」。[126]另有一些較嚴重的問題，危及了戰爭期間微妙的外交運作，其中之一屬於結構層面，亦即太多的個人及組織介入了政治宣傳，造成訊息的分散和

混淆，同時也缺乏中央的統籌協調。[127]此外，這種政宣方式也
創造了一種有關中國的神話，使其盟友無法清楚評估情勢[128]，
正如克斯尼茲（Leonard Kusnitz）發現的：「蔣在國會的支
持者，既不能擊中國務院憂慮的要害，也無法挑起大眾之間
的共鳴。」[129]而羅斯福（F. D. Roosevelt）的幕僚當中，顯然
已有不少人對蔣夫人的美國行，以及親中國團體所採取的積
極遊說方式感到相當「懊惱」。[130]第二次世界大戰期間，推銷
中華民國的工作，受到了美國記者與官員來自中國的報告嚴
重打擊，其中包括對饑荒、貪污、蔣介石獨裁領導風格的描
述[131]，以及對國民黨血腥掃盪台灣民族運動的強烈抨擊。[132]這
些圖像和蔣氏在美國所提倡做為民主、父權、接近基督的形
象格格不入，幸而有賴當時新聞官的處理得宜，顯示了他在
新聞專業上的長才，但或許也顯示了「美國民眾的容易受欺
」。[133]換句話說，不利的報導需要特殊加強的「扭轉」，因此
美國的親蔣團體承認了這些問題，但指出這些都是蔣介石部
屬所造成的後果，而非蔣介石本人的責任；對中國遊說團而
言，蔣介石仍是能夠統一並領導全中國的唯一人選。《紐約
時報》（*New York Times*）更進一步辯解道，這些問題的造
成，必須歸咎於在「歐洲優先」的策略下，中國所受到的美
國待遇。為了化解不利影響，扭轉博士們（spin doctors）所
做的事情可謂令人嘆為觀止！如一九四七年一月，中國新聞

服務處（China News Service）在美國分發一份刊物，宣稱：

> 在去年十月的福爾摩莎一周視察後，蔣介石總統相當
> 滿意地宣布，回歸祖國一年之後，島上百分之八十的
> 重建工作皆已完成。……[134]

但實際情況卻如喬治‧克爾所指出的：「當省長幕僚在
美國發布這則新聞時，福爾摩莎的經濟……正面臨四十多年
來的最低點。」[135]

冷戰的環境固然使這類政治宣傳易於被接受，但國際政
治的瞬息萬變，比政治宣傳本身更加重要：韓戰的爆發穩固
了美國對蔣介石的支持——若非政治上的支持，至少是大眾
上的支持。尤其此事的發生正逢美國境內的反共熱潮達到最
高點，因此一九五一年，百分之六十的美國受訪民眾，「希
望美國給予蔣氏軍隊所需的一切支援反攻大陸」。[136]巴哈拉克
由對「百萬委員會」的研究中，顯示了中華民國如何和美國
同情者搭建強而有力的個人關係，以便為之散布政治宣傳：
此時對共產主義的恐懼，幫助中華民國「移除在美中政策
上，抨擊國民黨政權人士的影響地位，這主要是藉著對國會
的一系列調查加以宣傳而達成，背景資料都是由蔣的代理人
及政治宣傳家，透過他們的美國友人，提供給具有同情立場
的國會議員」。[137]在那段風聲鶴唳的日子裡，這個圈子也包括

了美國當時的媒體大亨——亨利・魯斯（Henry Luce），他是宋家的好友，旗下王國計有《時代》周刊、《生活雜誌》（*Life*），以及電影新聞片《時代進軍》（*The March of Time*）：

> 自一九二七年以降的四十年來，此乃美國新聞界爲一名國外政治領袖效勞的驚人實例——魯斯王國熱切提倡蔣介石與國民政府：中國的英雄主義，中華民國對美國防衛的重要性，他的叛逆儷敵……，以及其偉大的領袖蔣總司令，都是一再被宣揚的主題。到一九四五年時，這位中國領袖已第六度榮登《時代》的封面故事。[138]

一九五〇年七月的《時代》雜誌寫道：「讓我們好好討論福爾摩莎及那裡的國民黨政府，因爲那是我們在西太平洋成功的關鍵之一。我們需要國民黨政府這樣忠心耿耿的盟友。」[139]爲魯斯寫傳的史汪伯格（W. A. Swanberg）估計，魯斯旗下所有媒體關於這類主題的報導，可能至少接觸到了全美成年受衆的三分之一。[140]

《紐約時報》也同樣明目張膽地親台，並以熟悉的冷戰語彙爲支持國民黨政權而包裝，如在一九五〇年時寫道：國民黨政府「已比六個月前更富活力。其發言人最近表示，即

使只受到來自外界最保守的經濟支援，他們都希望能夠長期固守該島。……由於此政府是全東亞最大、最積極、最有決心的軍事反共勢力，其抵抗能力也成為所有自由世界最關切的焦點」。[141]本則評論由史密斯（Robert Aura Smith）和托利舒斯（Otto Tolischus）撰稿，兩人都是蔣政權的堅強擁護者，但他們對杜魯門的態度卻未發揮太大作用。杜魯門對蔣介石的尖刻評價，近年來才浮現檯面，據說他在私底下唾棄蔣氏家族，形容他們都是「盜賊」[142]，韓戰改變了他的政策，卻未改變他的態度。

《紐約時報》也被「百萬委員會」用來做為宣傳的利器。[143]一九五四年時，「百萬委員會」開始在國際版的《紐約時報》發表觀點，以便在歐亞盟友間展現美國反對共產中國的力量[144]，而值此冷戰期間格外敏感的時刻，這些動作確然幫中華民國創造了相當有利的形象。正如威爾胥（Frank Welsh）所指出的：「台灣及金門、馬祖等離島，成為了美國神話中，在邪惡共產勢力主導的東方保衛民主價值的前哨站。」[145]

可是一旦當麥卡錫（Joseph McCarthy）失勢[146]，蔓延在一九五○年代間的赤禍恐懼症（Red Scare）逐漸消散之後，一九五八年所爆發的金馬危機，已經不能複製韓戰期間相同的氣氛，反而在美國境內已有許多聲音開始要求改變對蔣介

石的政策。《華爾街日報》（*Wall Street Journal*）表達出了許多人的心聲：「讓這個國家負起保護福爾摩莎的責任是一回事，儘管過去幾年來，我們的福爾摩莎政策已經超出了現實。但是要表現得好像國民黨政權即將重返中國，這些島嶼是值得以一切代價，包括戰爭在內加以保衛的籌碼，則又是另外一回事。」[147]換句話說，政治宣傳受限於外界因素：政治、戰爭、對外政策的目的，以及對國家利益的衡量，都會限制政治宣傳所能達到的成就。雖然遊說團在美國聲嘶力竭，中華民國大使館動員草根外交，宋家王朝花費上百萬美元和深具影響力的美國人士及媒體培養私人關係，連美國中情局也秘密介入[148]，但當國際政治風向轉變時，這一切努力都無法挽回大眾的態度。[149]當金門和馬祖受到轟炸時，美國國務院及許多國會議員每天都接獲無數的電話與信函，擔心美國將會為了台灣被拖入戰爭，而國務院曾在一周之內就收到六百二十六封信件，其中三百二十二封反對美國介入。[150]根據克斯尼茲的分析，一九五四年的金馬危機爆發時，適逢美國的反共氣氛達到巔峰，而且因有兩名美籍人士在事件第一天即受害的關係，大眾的反應才會如此強烈。[151]

　　其後中華民國在美的公關努力依然持續進行，但其重要性卻直到一九七八年兩國斷交之後，才變得格外顯著，因為府對府的關係已無法透過傳統方法加以挽救，中華民國只好

藉由非正式的操作。一九七八年十二月二十九日，《華盛頓郵報》（*Washington Post*）上出現了一則整版廣告，是蔣經國向全美民眾祝賀聖誕節及新年，並在廣告中宣稱：「我們兩國政府間關係的改變，並不會改變我們兩國人民的友誼。在我們心目中，我們仍對美國民眾存有信心。」[152]此舉為中華民國和美國的外交掀開新頁，正式外交關係的宣告死亡，將這類政宣技巧推向了新的巔峰，以提高美國民意的支持度為目標。然而中華民國在美國的形象促銷，幾乎沒有多少重大事件，能比一九八七年戒嚴法的解除更具正面意義！[153]現在，中華民國終於能以自由、民主的耀眼典範自我標榜，提供和中華人民共和國鮮明的對照。

除了駐美代表處之外，其他代表處很少從事如此強勢的宣傳工作，主要是因為它們的規模都很小、預算有限，而且所服務的國家在貿易上也較不具重要性所致。這也就是說，其他代表處的宣傳工作並不能被放在同樣的水平來衡量，但美國經驗仍有許多值得借鏡之處，猶如駐英代表處所出版的《台北—倫敦新聞信》（*Taipei-London*），顯示以類似的方法在英國提倡中華民國，亦能發揮正面作用。前文指出，培養私人關係是推展非正式外交的方法之一，因此前南非駐澳洲大使漢默頓（A. M. Hamilton）曾表示，和坎培拉之外的澳洲人民培養公共關係，是他的「主要任務」[154]；同樣的，在行將

卸職返台之前，駐英大使簡又新也指出，他對於「在英國旅行超過十六萬公里」，和各式各樣的個人及組織見面，備覺榮幸。[155]

　　駐英代表處和英—台國會小組的成員也維繫著穩固的關係，經常邀請他們到台灣訪問：在一九九三至九七年間，一百零七位英國國會議員（包括十五位政府官員）曾訪問台灣，而同一期間，一百一十位台灣政界人士（包括四十九名政府官員）也曾訪問英國。不過英國外交部對於高層次的政治訪台依舊相當緊張，一旦某項行程可能危及英國尚未定形的台灣政策時，便隨時準備撤銷。加拿大外交部面對更「積極」提昇與台北關係的呼籲時，也常被形容為過分敏感，擔心此一要求將破壞與中華人民共和國的關係。[156]至於在德國，芭芭拉‧克魯格指出，一個由一百三十人組成的德國國會小組，是在德國為中華民國發言的重要機制：此小組於一九九二年成立，使中華民國「能夠仰賴比中華人民共和國更龐大的遊說團體，照顧後者利益的只有二十九位議員……」。[157]甚至巴拿馬也和中華民國成立了一個「國會雙邊委員會」（Parliamentary Bilateral Committee），以增進兩國間的關係。紐西蘭政府現已逐漸放鬆對往返台灣互惠訪問的限制，起初這類訪問完全以功能性本質為主，後來已擴充到包括台灣立法委員、部會首長等在內，但只有當來自台灣的代表團

是以私人身分訪問紐西蘭，且不得從事任何政治活動（即
「不會觸怒中國大使館之活動」）時，規定才能放寬。[158]霍德
里（Steve Hoadley）表示，雖然中華民國和紐西蘭間的高層
互訪始終被貼上非官方的標籤，但「代表團的人數與專長，
以及議程的範圍，顯示無數的重要問題都受到了討論」。[159]環
顧政治宣傳史，人與人的接觸往往是最有效的一種，使政治
宣傳家能和具有同情傾向的私人或團體培養關係，特別是具
有影響民意之能力的人士，如政治家、學者、新聞記者等。
向無形的大衆或輿論進行宣導本非易事，尤其當對象是缺乏
極權國家組織結構的民主社會時，更是如此。早在一九四六
年，到台灣的美國訪客便常「被知道如何阿諛他們的人塞滿
進步的證據」[160]，特別是一些容易消化的數據，以便使訪客
有較多的時間休閒、遊覽，難怪喬治‧克爾形容這是「爲訪
客創造絕緣體的藝術，由具有天分的人才所主導」。[161]

　　不過，由英—台國會小組實際展現的力量中，也證明了
對此種私人接觸的效果不宜過分高估。「日本—中華民國國
會議員委員會」（Japan-Republic of China Dietmen Council）
能在日本政府爲台北利益積極發言[162]，但英國小組的存在純
爲提倡英國利益（而且幾乎都是商業利益），並說服英國企
業界和中華民國建立密切的關係。這個小組並不在英國扮演
中華民國遊說團的角色，正如該小組前任主席包威爾所形容

的，和美國團體展現的專業性比較起來，英國遊說團相當「原始」。[163]同時這個小組也不接受任何來自台北代表處的指導，例如，當一九九六年的海峽軍事危機爆發時，英國國會內部出現了有關對中華民國政策的冗長辯論，台北代表處向英—台國會小組進行簡報，但並未給予該小組任何指示。由於英—台國會小組毋庸向中華民國政府或台北代表處負責，因此後者對於該小組也無任何期待，只求保持和諧關係，並在需要時向非政府組織提出援助。舉例來說，英—台國會小組積極協助「太平洋文化基金會——倫敦辦事處」（British-Taiwan Cultural Institute）的籌建，爲之提高知名度，因爲這是一個獨立於台北代表處的組織，被視爲一種提倡低層次非正式關係的有效工具。此一國會小組的活動，完全是在「國際國會聯盟」（International Parliamentary Union）與「大英國協國會協會」（Commonwealth Parliamentary Association）兩者之外，更增添了「非正式外交」的操作屬性。

「東方猶太人」：海外華人[164]

華僑爲革命之母。

——孫逸仙

海外華人和祖國血肉相連、榮辱與共。

——李登輝

政治宣傳很重要的目標之一，是針對「海外華人」，而
根據新聞局充滿政治意涵的定義，這是指「任何居住在中華
民國邊界之外的中華子孫。……中華民國政府對海外華人負
有歷史性的感激之情，期以任何適當、可行的方法服務其利
益」。[165]國族主義歷來將移民（國外）者斥爲叛徒，因此移民
並非能夠公開討論的問題，而爲此提供服務的顧問機構也被
視爲不合法的組織。但自從一九四九年以來，「移民潮」在
台灣一波又一波地吹起，尤其當來自中國大陸的威脅增強，
或當島上出現不穩定跡象時，更是特別明顯，例如，蔣介石
在一九七五年的逝世、一九七八年十二月與美國的斷交、蔣
經國在一九八八年的逝世，以及一九九六年的海峽危機等，
都造成了移民的高峰。根據最近的官方統計資料，三千八百

萬華人居住於中華民國之外（這項資料的「中華民國」包括
大陸領土在內），而在一九四八年時，這個數字僅達八百七
十萬；一九九六年時，超過二萬五千人（約為台灣人口的千
分之一強）決定由台灣移民國外。這些數字在政治與政治宣
傳上的重要性，反映在中華民國立法院中，便是有六個席次
須由海外華人參選並投票的事實。

如前所述，歷史是政治宣傳強而有力的工具，而中國無
數可供運用的歷史經驗，更在加強海外華人對「祖國」的向
心力上，具有無比的重要性，誠如一九九三年版的《中華民
國英文年鑑》所寫的：

> 經常收到比地主國勞工更低的酬勞，華人移民憑著刻
> 苦勤儉存下積蓄。從非富裕，海外華人社區已逐漸變
> 得比他們遺留在後的故鄉更繁榮。……
> 當（一九一一年）革命……成功推翻滿清時，（孫逸
> 仙博士）推崇華僑為「國民革命之母」……
> 經過對日抗戰、共產黨的叛亂，以及台灣地區的發
> 展，海外華人已成為中華民國堅定的支持來源。前法
> 國總統戴高樂（Charles De Gaulle）嘗認為，華僑對於
> 穩定亞洲力量架構的影響力，並不下於英國布爾喬亞
> （bourgeoisie）移民對形塑北美權力平衡的貢獻。……[166]

　　一九九七年版的年鑑也採取了類似的感性基調，在描述一九一一年的革命時，指出黃花崗七十二烈士中有「三十九位……是華僑……」。[167]被海峽兩岸同時尊為現代中國之父的孫逸仙博士，因接受過國外教育，也成為海外華人備感驕傲的典範。

　　利用華僑及以華僑為目標的政治宣傳，以相當奇特的長短程結構同時進行，兼具戰術性與策略性，並採用各種實際的政治宣傳技巧。但就一個重要層面而言，此類政治宣傳並不自然，因此基於華僑社區高度分裂的性格，統一性和一致性也就大受限制。

　　在冷戰早期，許多美國較大華人社區[168]的成員組成了親國民黨的團體[169]，以便和美國反共同情者互相結盟。其中最具影響力的組織為「全美海外華人反共聯盟」（All-America overseas Chinese Anti-Communist League），於一九五四年在紐約成立，持有明顯的政宣動機：「讓美國民眾知道，中國人不是共產黨，並動員所有海外華人反對共產主義，支持中華民國。」[170]當一九五八年的金馬危機達到巔峰，中華民國駐美大使葉公超很擔心華僑對「共同防禦條約」出現反彈，因為和美國重申此一條約，暗示中華民國放棄了在必要時以武力反攻大陸的決心。[171]「葉大使指出，（中華民國）對海外社區支持度的倚賴，高於一般政府……」，他也告訴蔣介

石：「除非（中華民國）回到大陸，否則華僑永遠不會滿足。」因此葉公超計畫在美國展開一項華埠之旅，向華僑提供所渴望獲得的保證，但美國國務院反對，因為正如遠東事務助理祕書羅伯森（Walter Robertson）所表示的，這類談話相當「危險」，很自然將中華民國推回舊的架構，也就是蔣介石無法令人接受的軍事主義，從而降低美國對中華民國的支持。羅伯森提醒葉公超，在美國民眾心目中，動用「武力」意即動用「美軍武力」，而這只有在用來保衛台灣時才會被接受，或當大陸上出現反共革命時，美國也可能加以支持，但若是由中華民國挑起的攻擊行動，則將不會被容忍。[172]

　　如果我們記得中華民國在此時所從事的是一種零和賽局，便能瞭解上述的焦慮——華僑必須決定他們擁護的是國民黨抑或共產黨[173]：「在馬尼拉、華盛頓，或者任一個國民黨政府有外交代表的首府，他都和共產黨為了爭取華僑的向心力而進行拉鋸戰，使每一個中國城都變成國共戰區，投注資金設立報紙、俱樂部、教師和教材，以期在華僑當中保存中華語言及文化的活力。」[174]直到一九七三年與中華民國斷交之前，西班牙是歐洲各國中，最受台灣歡迎的移民地點，主要是因為兩國都持有反共的意識型態所致[175]，因此國民黨很自然在西班牙華人社區間，積極創造親國民黨的協會組織，即使斷交之後亦然；這些活動同時具有政治與文化的雙

■冷戰期間，世界各地的華人社區、中國城等，也都成為中華民國及中華人民共和國外交活動拉据的戰場（任格雷／攝影）

重性格，透過少數的華文刊物加以提倡。[176]自一九五○年代至六○年代早期，美國政府積極培養中華民國和華僑間的關係，尤其是東南亞地區的華僑：

> 在可行的範圍內，鼓勵（中華民國）和中國大陸及台灣以外的華人社區建立較緊密的接觸，逐步爭取他們的同情與支持，只要這種支持並不和當地政府的義務發生衝突。鼓勵這些社區的領導人擴大（對中華民國的）同情和支持，以做為有別於共產主義之自由中國人的焦點，以及做為自由世界的夥伴，抵抗共產主義

在亞洲的擴張。

中華民國代表了「中國人民的利益和嚮往」，美國會盡一切
所能，但僅限於政治方法，協助說服華僑以台北而非北京做
爲效忠對象。[177]

　　目前這種敵對狀態已不再如此緊繃，海外華人也不再如
此明顯地支持兩者中的某一政治實體，除了因爲冷戰已結
束，也因爲華僑更希望能夠重拾其文化遺產，而非政治認同
所致。[178]不過，利用華僑來反北京，依舊有其重要性。對觀
察家與政治宣傳家而言，不能視「華僑」爲一具有同質性的
群體，仍是實際存在的問題，因爲海外華人雖然有共同的文
化遺產，但不同的次族群團體——香港、台灣、大陸、馬來
西亞、新加坡等——卻很少彼此混雜，於是也更加深了他們
之間的不同。[179]許多有正式組織的華人協會——一九九五年
十二月時，向台北僑務委員會登記在案者達九千二百五十五
之數——都是根據宗親而來，會員資格遍及各大洲。皮克
（Pieke）與班頓（Benton）曾形容華人爲「歐洲當中最好的
『歐洲人』，不受小國思想的限制」[180]，而華人本身也有創造
「整合所有歐洲華人聯盟」的倡議，以便「更有效支持自由
中國」，於是一九七六年時，此一構想導致了歐洲華人協會
聯盟（Union of Chinese Associations in Europe）的成立[181]，並

刺激了類似協會在亞洲、大洋洲（Oceania）、非洲與美洲等
地紛紛組成。[182]但這也再次加強了不可能視華僑為單一群體
的概念，而是具有不同血緣、地緣、族群，甚至基於功能性
而各自組成的分裂性格；根據皮克與班頓的研究，為數眾多
的華人團體是以服務特殊利益為主，根據職業、年齡、性別
而分別設立。[183]

即使是來自台灣的團體本身，也有各自分裂的傾向，造
成彼此間溝通上的矛盾。例如，新聞局責成國內現有的四大
電視網為海外華人社區製播新聞，其中包括一九九七年才成
立的民視，打破了國民黨對全國性電視資源的長期壟斷[184]，
不過因為民視堅持提供較多有關台灣的本土新聞，在節目中
以台語向觀眾問好，並在新聞中採取「中國」和「台灣」的
用詞，而非傳統的「中國大陸」及「中華民國」，受到了某
些華僑組織的大力抨擊，但同時卻也有一些華人社區鼓掌叫
好。[185]

此外，為了避免引起支持統一團體的不滿，駐歐洲各國
的台北代表處，並不希望和具有台獨傾向的「歐洲台灣協會
聯合會」（Federation of Taiwanese Association in Europe）顯得
過從甚密，因為該聯合會所出版的刊物——《鄉訊》，明顯提
倡台灣人意識。此聯合會在全歐皆相當活躍，包括組織抗議
行動，反對中國對台灣的威脅，安排歐洲記者到台灣訪問，

向地主國政府及媒體寫信等，最近所出版的一份白皮書，鼓吹對台灣人身分更廣泛的承認，向全歐政治人物及媒體分發。[186]然而由於此聯合會所傳達的是一種極端強烈的政治訊息，具有鮮明的「親台灣」色彩，因此他們的聚會對地主國和中華人民共和國的關係，也便產生一種破壞性的威脅[187]，而當其政治傾向並無法「滿足多數中國人情緒上的需求」時，就僑務工作而言，也阻礙了文化或族群焦點的凝聚。[188]可見缺乏訊息的一致性，使政治宣傳的工作變得非常困難。

　　為台灣負責華僑事務的組織是僑務委員會，成立於一九二六年，因是行政院的一個分支，所以和新聞局及外交部都屬平行機構。[189]僑委會的功能在提倡「與華僑的文化團結」，提供「對華僑的財務與投資支助」，其動機是希望華僑不僅能對故鄉產生精神上與文化上的親密感，同時透過華文教育、文化及價值觀等，也能加強華僑的愛國心。[190]此外，政治宣傳的設計還包括贊助文化與社區中心、藝術節活動，以及經由「中華文化教育發展基金會（Chinese Culture and Education Development Foundation）」，獎勵「教育、藝術、文化領域中傑出的華僑青年」，從而激發華僑於其日常生活及專業生涯中發揮影響力。對國民黨來說，教育一直是華僑政策的基石，以對華語的提倡，增進華僑社區對中華民國在政治上的認同。值得注意的是，中華民國與中華人民共和國

■僑務工作是中華民國拓展非官方外交重要的一環（任格雷／攝影）

在政治上的差異，反映於教育中，也包括了對漢字版本的選擇[191]；中華民國採用繁體字版本，強化了他是傳統中華文化承傳者的形象，而中華人民共和國的簡體字和漢語拼音系統，則是在共產主義意識型態影響下而做的變革。

僑務委員會也介入不少媒體企業的運作，但焦點以印刷媒體為主：和華僑通訊社（Overseas Chinese News Agency）合作，向全球提供新聞、資訊和新聞稿，並向華語學校、協會及圖書館分發《華僑雜誌》（*Overseas Chinese Magazine*）[192]。《光華》（*Sinorama*）是雙語月刊[193]，由新聞局出版，以非政治性的題材（主要是文化與人性化的報導）為主，長期以來

在海外社區廣受歡迎：

> 飄洋過海到美國留學的中華學子，在調適當地的生活
> 步調之餘，也面對繁忙的課業。每位獨自在這塊全新
> 土地上（奮鬥）的中國學生，都渴望朋友與伴侶，每
> 個月《光華》都爲他們帶來一點家鄉（的訊息）。[194]

　　《光華》現在已經上網，同時僑委會亦已邁向電子紀
元，補助並支援全球華語電視及廣播，爲其提供視聽節目。
從前這些做法都因冷戰而獲得充分的合理化：「以中華文化
贏得（華僑），是希望將他們爭取到台灣的一方，因爲是國
民黨而非奉行馬克思主義的中國大陸，才是中華文化正統的
保護者」。[195]這也顯示出中華民國有意降低軍事傾向的努力，
因爲一九五八年時，美國國務院認爲軍事主義是中華民國很
大的包袱，建議中華民國應將自己提倡爲「中華文化、美
德、教育的承傳者」[196]：

> 對我們（美國）來說，（中華民國）向全世界證明其
> 反攻大陸的基礎，是根據……全大陸六億中國人渴望
> 由現行束縛獲得解脱的心意，似乎大有前途。在那段
> 黑暗的日子裡，他們藉由自由中國政府存在的事實，
> 以及該政府對中華文化與傳統的保存中獲得希望。

（中華民國）幫助全球最大的民族維繫了自由的火焰。[197]

　　有趣的是，並非每位來自美國的政府官員都同意此一策略，例如，曾任美國新聞總署署長（Director of the United States Information Agency）的喬治‧亞倫（George Allen）便認為，使台灣成為傳統中華文化的繼承人並沒有什麼好處，「要在遠東獲得尊重，台灣必須視自己為──不是過去的保護者，而是未來充滿活力的領導人……」。[198]此一看法其實很有政治宣傳的味道，尤其台灣當時正朝繁榮前景快速邁進，若在冷戰期間凸顯「資本主義台灣」（進步的未來）和「共產主義中國」（落伍的過去）兩相對比，宣傳效果可能會更具威力。

　　引進彈性外交之後，以華僑為主的政治宣傳目標已有修正，僑委會比較不再倚賴冷戰的形象與重返大陸的訴求，改以「雙向溝通、爭取華僑向心力、為和平攜手合作」為重點，「加強和華僑對話，反中國共產主義政治宣傳」，繼續提倡中華文化，協助華僑從事經濟活動，並提供有關中華民國的訊息。[199]僑委會的任務之一是鼓勵華僑融入當地社區，恰與亞歷山大（Garth Alexander）的觀察背道而馳，他認為中華民國政府明顯「阻止海外華人（與地主國）同化」，甚

至不惜鼓勵許多國家的排華運動。然而由其他較可信的資料，如林‧潘（Lynn Pan）或西格雷夫（Sterling Seagrove）的研究，乃至《美國國外關係》（*Foreign Relations of the United States*）的紀錄中，都顯示了融入當地社會是受到中華民國政府鼓勵的政策。[200]

　　表面上看來，基於共享的文化與歷史，以華僑爲目標或利用華僑從事的政治宣傳，應該相當容易才是，但實際上卻不然。舉例來說，第一代華人移民通常都相當保守，不願受到社區的注意，因爲「他們的心根本不在那兒」。[201]許多老一輩的僑胞一輩子住在華埠，只說華語，收看華語電視節目和親友自家鄉提供的錄影帶等，不僅從未離開過中國城[202]，也不曾說過一句英語。此情況在歐洲亦同。[203]由於「大多數中國人都很內向、保守」，他們在較大之非族群社區的活動相當有限[204]，因此華人移民通常被視爲一種「安全的」族裔，「犯罪率低、很少干預當地政治，且具有其他優良品質，如勤奮等……」。[205]

　　但第二、三代的華僑就比較願意參與出生地的事務了！[206]對許多新世代的成員來說，與當地同化，是比認同國民黨或共產黨更有吸引力的抉擇，因此一位觀察家分析道，華僑社區形成了一種「模範小眾，無妨害性、守法、要求不高、多爲中產階段、受良好教育、低可見度的群體，不受到族群問

■倫敦華埠的石獅子，已目睹了幾代華僑的變遷？（任格雷／攝影）

題的困擾」。[207]這些新世代對他們從不認識的國家較無包袱，也較不擔心「同化」在文化上的意涵，難怪有關華僑的政治宣傳與政策，乃以培養年輕世代的認同爲重點。

　　海外留學生是最明顯的目標，因此陸委會經常遠赴海外，鼓勵華人學術團體以中華民國爲研究重心[208]；陸委會顯然瞭解政治宣傳須以特定受衆爲目標，才能發揮最大的效力，而不能只是企圖說服一般大衆。不過陸委員從事此一活動的本身，卻也凸顯了分工問題的模糊性，因爲此一工作顯然應屬僑委會，又或者因與政治宣傳及資訊相關，理當由新

聞局負責，可見這三個單位間的職責過分重疊。此外學生本身也帶來新的問題，一來是因爲來自中華人民共和國的學子占多數，二來是名稱使用的困擾：美國擁有最多的台灣留學生團體——最近的數據爲一百一十七個，其中四十二個使用「中國」、「華人」、「自由中國」、「中華民國」等名稱，而非「台灣」或「台灣人」的字眼[209]——這些數據均不包括會員數目的大小，或者其活動力的高低（若有任何活動力的話）。陳建勝指出，對於中華民國留英學生的人數，任何時候他都只能提供保守的估計[210]，因爲學生們只有遇到困難時才會找他，而且似乎很不願意和駐英代表處發展任何正式的接觸。[211]一位曾在英國大學擔任台灣同學會主席的學生表示，一九九六年的台海危機期間，倫敦代表處曾與她聯絡，建議她組隊到中國駐英大使館門外參與抗議行動[212]，但她也強調，這種情況是非常特殊的，因爲代表處通常並不期望學生們從事如此外顯的政治運動。事實上，不少留英學生對這種缺乏接觸的情況並不滿意，批評代表處在和學生團體關係正常化方面的努力不夠。無論誰是誰非，在互相指責中，錯失的毋寧是政治宣傳的契機。

美國學生則是「中華民國華僑青年語言學習團」（Overseas Chinese Youth Language and Study Tour）鎖定的對象[213]，由國民黨於一九六六年成立，有如一年一度的夏令

營[214]，目的在加強華裔美籍青年與「祖國」文化及政治上的聯繫。早期的學習團都會鼓勵學生學習國語，帶他們見證「台灣奇蹟」，並且稱他們為「華僑」，而不是「美國人」或「華裔美人」，而中華民國則被以「祖國」稱之，期能加深他們對這個從不認識的國度的認同。一位官員指出，此一計畫的用意，是要問參與者「有沒有他們在外交上能做的事情，透過他們的政府幫助我們」。[215]這些學生都是經過仔細篩選而來，代表華裔美國社區的菁英，並在訪台期間被奉為上賓，因為中華民國政府希望這些今日的學子，明天或將能擁有影響公眾及政治意見的地位。同時早期的學習團嚴禁團員攜帶「親共刊物，危險藥品亦被嚴格禁止」，更增添其政治宣傳的色彩。[216]

但近來的研究顯示，此一活動的政治目標並不成功，因為參與者有興趣的是學習團的社交面相，由其私下被簡稱為「愛之船」（Love Boat）的事實即可見端倪。換句話說，參與者的期待和贊助該團的政府機構間有明顯差距，因此活動在鼓勵團員對本身華僑身分的認同雖有顯著績效，卻無法刺激他們返美之後，感到有必要為中華民國的利益在政治上積極運作。參與者很快就發現，活動的目的是對他們進行「親中華民國」的政治宣傳，因此早期的學習團還包括升旗典禮、舉行有關反攻大陸的演講、對軍事基地的參觀，以及和中華

人民共和國投誠者的會面等。[217]然而過於外顯的政宣努力有時不免造成反效果：某些參與者因而刻意到大陸訪問，以便和台灣經驗加以比較，另有些參與者則指出，活動組織顯然忘卻了美國人對選擇自由的熱愛，因之對所獲得的各項訊息反而都抱定懷疑的態度。[218]

「愛之船」的活動經驗足以證明，和華僑社區建立正式的政治關係並不容易，但若能強調其間的文化裨益，則非不可能。例如，我們知道，一九三〇年代間，國民黨和紐西蘭華人協會（New Zealand Chinese Association），均與當地的中國領事館保有密切的接觸。[219]我們不禁懷疑，為什麼此類關係在今天難以建立？不可諱言的是，駐英與駐法代表處都積極參與當地社區團體所舉辦的活動，並盡力提供可能的協助，諸如出借傳統服飾、音樂器材等，而這些提倡中華民國與中華文化的方法，在華僑社區間也果然相當受到歡迎，以下即為幾則實例：

> 簡又新博士參加英國中山會社（Dr. Sun Yat Sen Society in the UK）所舉辦的音樂會。……七名年輕的音樂家——其中多數都自兒時便在英國學習音樂——得以展現他們傑出的天賦。……此一音樂會極為成功，與會者共約二百人。

> 簡夫人以中華婦女協會（Chinese Women's Association）
> 主席的身分，……爲會員主持了……婦女節……慶祝
> 舞會……。
> 簡又新博士協同五百名人士，其中包括其同仁、華僑
> 與來自台灣的學生，……在倫敦慈濟華語學校參與台
> 灣文化節的活動，慶祝傳統中國農曆新年。……[220]

但這類活動的政宣價值並不宜被高估，它們是針對在華
僑社區加強與中華民國及文化遺產的聯繫而設計，並不具有
外顯的政治或外交企圖，而且這些活動並未在華人社區以外
受到廣泛的宣傳，因此也限制了非華人的參與機會。[221]不過
前新聞局長胡志強對於中華文化的「國際化」倒是相當樂
觀，認爲將能促進非華人對中華文化的認識：「我們已……
在紐約的中華新聞文化中心（Chinese Information and Cultural
Center）建立了第一流的媒介。此中心成功向美國民眾引進
中華文化，促使我們計畫在其他世界性首都也成立類似的中
心。」[222]紐約中心是向美國大眾展現中華文化的舞台，其間
包括一個台北劇場（Taipei Theater），邀請中國及美國藝術團
體表演戲劇、音樂或木偶戲，此外也有一個藝廊和教室一
間，開設課程由華語教學到太極拳不等，廣受華人及美國人
的歡迎。

僑委會共擁有十六個華僑文化及教育中心，多數位於美國，其餘則分散在多倫多、馬尼拉、雪梨（Sydney）、墨爾本（Melbourne）、巴黎及曼谷等城市，其中巴黎中心並常邀請來自台灣的團體至歐洲各國巡迴演出。無疑的，文化確為中華民國開闢了一些新的道路，長期以來也一直是中華民國政宣活動重要的一環，同時這些文化活動往往也能吸引當地媒體的注意，例如，台灣對法國亞維農節（Avignon Festival）的參與，在法國各地的報章雜誌上，至少便有兩百多則報

■ 文化外交的意圖是希望透過文化的長期洗禮，在地主國製造對本國更大的包容與瞭解（圖為復興國劇團在倫敦演出）
（駐英台北代表處提供）

導。[223]劉定一博士於一九九〇年成立太平洋文化基金會——倫敦辦事處，加強兩國間的文化和教育聯繫，因是私人組織的性質，受到了英國外交部的承認，但若有藉該機構從事外交工作的企圖，顯然可能便將危及此一關係。大英國協對外辦事處（Foreign and Commonwealth Office，簡稱FCO）與英—台國會小組（尤其是古德哈特爵士），對此機構的工作皆鼎力相助，說服英國外交部接受該機構的本質與貢獻。該機構的工作包括設立研究基金會、互惠交流、博物館展覽等，簡言之，也就是任何能夠在英國提倡中華文化、歷史及語言的活動。此機構的工作目前也擴及於歐洲其他地區，尤以西班牙、葡萄牙、冰島及愛爾蘭等國為最，由劉定一先生出任歐洲文化交流基金會（Foundation for European Cultural Exchange）董事長。[224]

哈洛德‧尼可森（Harold Nicolson）曾說：「倘使國外人士不能欣賞，甚或不能注意到我們創造的天分或絕佳的調適力，那麼已經沒有什麼我們能做或應做的努力，可以減低他們的遲鈍。英格蘭的天才，不像其他較次等的國家，不言自明。」[225]他顯然對文化宣傳的努力嗤之以鼻，但文化活動對外交真的不具任何重要性嗎？如果我們接受菲立普‧泰勒對文化外交的定義為「一種政府的活動，企圖躍過商業媒體的形象，在表面上看來非政治性的基點上，直接向國外社會

的人士做訴求」[226]，則我們無疑便須肯定文化外交的貢獻。文化外交的意圖是希望透過文化的長期洗禮，在地主國製造對其國家更大的包容與瞭解，而這需要時間、耐心與創造力，雖然我們也必須注意，一旦傳統外交失敗了，文化外交也將受害。[227]由於中華民國只和非常少數相對上不具重要性的國家建有正式邦交，文化外交的努力也就格外重要，但若以為文化外交能夠成為外交關係的替代品，卻未免大錯特錯。文化外交是一種特殊的宣傳活動，以有限的方法服務特別的目的，正如泰勒所言的，它是用來加強其他型式的外交與政宣活動，因此重點是要確保這類文化外交的能見度。政治宣傳家必須時時對目標、方法和結果重新評估，因為僅和政治、經濟、知識菁英及華僑會面的明顯成功率，太容易使其眼盲而自滿。中華民國的外交官很容易以缺乏正式承認為藉口，指出他們的替代方案非常有限，但此一態度僅能單方面將責任推向國際社會，倒不如將國際現況化為尋求突破的動力，以外交官即「政策能者」（policy-capable）自許，隨時試圖為以下的問題尋找解答：「情況如何？我們還能怎麼辦？」[228]

中國人對中國人：海峽兩岸的政治宣傳與非正式外交

> 台灣和中國大陸關係自一九九五年以來的發展，有如
> 舒適漸暖的春天，忽然受到狂飆嚴冬的中斷。[229]

隨著性格的逐漸開展，一九九七年版的《中華民國英文年鑑》，以上文做為討論「大陸事務及國家統一政策」的開場白。《中華民國英文年鑑》長期以來反映了中華民國對大陸政策的轉變，因此也提供了中華民國對大陸政宣方法的有用指標。一九九三年版與九七年版的年鑑雖然相隔只有四年，但在兩相對照下，卻顯現了諸多中華民國大陸政宣的蛛絲馬跡。

前文曾一再述及，歷史便是最有力的政宣工具，而中國悠久的歷史更常被用來提供借鏡，海峽兩岸的關係亦然。一九九三年版的《中華民國英文年鑑》，在形容中華民國及中華人民共和國的語言上，仍然反映著國民黨政府的舊世界觀，強調中國統一的必要性：「絕大多數中國人相信，中國是一個單一的國家，渴望循和平途徑達成國家的統一。」[230]不過這是指根據中華民國條件達成的統一：「一旦中國共產

黨放棄他們過時的思想與方法，大膽接受我們對國家統一的階段性計畫，台灣和大陸的關係將能繼續尋求新的境界。」[231] 一九九三年年鑑對中華人民共和國的描述也充滿冷戰的熟悉語彙，形容台灣與大陸的分離是「經民主選舉產生」之「中國合法政府」，以及「中國共產黨叛亂分子」戰爭所造成的結果。[232]

但該年鑑隨即也指出，若要改善兩岸關係，便須揚棄許多舊有的用詞：

> 長期缺乏彼此瞭解及文化關係的緊張，經常造成台灣海峽兩岸的衝突，使之成為「他們」對「我們」，而非（整體的）「我們」。這種「我們」，這種思考模式，這種對共同遺產及共同淵源的忠誠，必須在所有中國人的心中復甦。唯有透過和平友善的資訊及文化交流，這種「我們」的感情才能逐漸成形……[233]

當然，令人質疑的一點是，如果中華民國繼續稱中華人民共和國為「共產黨叛亂分子」，將要如何打破「他們」和「我們」的界線呢？不過一九九三年版的年鑑至少證明了大陸政策的存在，更早期的年鑑甚至根本避談這個題目——因為中華民國是全中國唯一的合法政府，哪裡有必要談論對大陸的政策或管理此一政策的架構呢？

到一九九七年時，情況終於有了改善，許多冷戰用語均已被取消，例如，中國共產黨已不再被指稱爲「叛亂分子」。但一九九七年版的年鑑，還是對中華民國和中華人民共和國做出了各種鮮明的對比，例如，中國共產黨企圖「解放」台灣，以武力統一中國，由他們在一九五八年砲轟金、馬的行動即可證明，而且他們甚至從事政治宣傳！但相對之下，中華民國所追求的政策則受到正面的呈現，彷彿兩岸關係的推動完全是中華民國所獨力促成：

> 在台灣，經濟自由化、社會多元化及政治民主化的步調，在一九八〇年代加速進行，一九八七年七月解除戒嚴法之後，政府對中國大陸已採取較開放的政策。一九八七年十一月，中華民國政府基於人道的立場，允許居住在台灣地區的民眾前往中國大陸訪問親屬。此一決定使兩岸關係走出了全然隔離的狀態，爲全民交流開啓了大門。[234]

雖然爲時極其短暫，但透過辜汪會談的斡旋，兩岸關係確曾出現轉機。中華民國海峽交流基金會於一九九一年一月成立，負責處理和中華人民共和國間的功能性事宜與非政治性議題，例如簽證、郵務、傳播與交通聯繫等，由曾大力促進台北與東京非正式關係的辜振甫出任董事長。[235]海基會是

一個私人性的組織，克服了和北京之間缺乏正式官方接觸的障礙；它也是非營利性質，百分之八十的收入來自中華民國政府。海基會在中華人民共和國方面的對等機構，則是海峽兩岸關係協會，第一任董事長爲汪道涵。辜汪第一次會談於一九九三年在新加坡舉行，是自一九四九年以來兩岸的首度會談，雙方均同意有必要建立正式的溝通管道，以及更進一步的會商[236]，所以雖然第一次會談並未產生實質性的結果，但更重要的是會談本身的象徵性意義。[237]至於在功能性議題上的低層次協商，也仍持續展開，例如針對劫機事件、非法移民以及漁業糾紛的討論等。我們不能忽略這類溝通所具有更廣泛的意涵，誠如克拉克（Carl Clark）所指出的：

> 雙向聯繫及交流頻率的增加，有助於穩定雙邊關係。……非官方及半官方接觸層級與式樣的提昇……十分重要，因爲擴大了有興趣團體的數量與跨國合作的程度，而他們都對保持及擴大既有關係極度關切。[238]

據悉，辜汪會談前後的國外媒體報導多達上千則，對於提高全球對台灣的興趣大有助益。[239]

　　然而隨著李登輝的訪美之旅，這種低層次的協商卻在一九九五年宣告中斷，從而加深了政治宣傳在兩岸關係的重要性。[240]僵局持續的期間，溝通──尤其是透過電話的接觸──

倒未曾中止，不過直到一九九八年四月底之後，才出現了重
新建立協調關係的跡象，首先是任職海基會副秘書長之一的
林中斌，率團前往北京與海協會的代表見面，隨後於一九九
八年七月，海基會與海協會的高層人士又做了第二度會面。
雖然此次會面只達成了辜振甫將來有必要前往大陸訪問的協
議，但海協會的代表在中國教育界人士的陪同下，曾與台灣
的教育界人士溝通，同時海協會代表也和幾位台灣主要政黨
的立法委員見了面。[241]這些訪問活動顯示了兩岸關係著重於
私人接觸的特質，具有建立親蜜性公關風格的潛力。

　　一九九八年十月，辜汪會談終於又在上海舉行，使辜振
甫成為一九四九年以來，訪問大陸層級最高的台灣斡旋者。
在首度與江澤民的會晤中，辜振甫「解釋」了中華民國的民
主化，表示台灣願意和大陸分享經驗，並指出中華人民共和
國未來的民主化，將是「中國統一的關鍵」。[242]

　　海基會由陸委會聘任，陸委會則是一九九一年成立的行
政院分支機構，負責研究、計畫、評估、執行政府的大陸政
策，涉及許多有關兩岸關係的宣傳工作。陸委會的活動有
限，但和新聞局密切相關，再次提醒了我們責任分割所帶來
的各項問題：例如，陸委會監督——但不負責——處理有關
兩岸新聞交流的事務，而這屬於新聞局的業務範疇；此外，
國家安全會議、國防部、外交部、經濟部、交通部，甚至以

大專院校爲主的智庫等，也都在海峽兩岸的政策上扮演某種角色。[243]

　　值得注意的是，許多有關兩岸關係的政治宣傳，並不以中文出版，因其主旨是在說服國際社會，中華民國有誠意和中華人民共和國進行外交斡旋，但中華人民共和國卻不願做出友善回應：

> 五年前，李登輝總統正式放棄以武力統一中國，但是與此互相對比的，卻是大陸在一九九六年所採取的行動。……（中華民國）從未退出談判桌，且一再呼籲北京儘快恢復協商。[244]

又如：

> 如果大陸當權者能將自私的黨派考量放一邊，直接面對當前的情勢，對海峽對岸的政權表示尊重，以大眾利益爲優先，雙方將能……解決所有歧見並提昇正面的交流。[245]

　　政治宣傳和大陸政策間有著無法抹煞的關聯，因此當李登輝宣誓就職總統時，便曾討論到「將台灣經驗移植到大陸，建立一個自由、民主、平等的中國」[246]；一九九七年十月，當李登輝接受倫敦《泰晤士報》（*The Times*）的訪問

時，也曾指出達到統一唯一可能的途徑，是經由「另一個中國」的和平轉變。[247]這些構想都陳列在一九九一年二月頒布的國家統一綱領中，亦即中華民國發展與大陸關係的最高指導原則；國統綱領的目標是要建立一個「自由、民主、均富的中國」，計畫分成三個極富彈性的階段達成統一。國統綱領、一九九四年的台海兩岸關係白皮書，以及李登輝一九九五年發表的「六點談話」內容，無疑都是很重要的政治宣傳工具，因為它們使觀察家相信，中華民國在國民黨主政下的大陸政策，簡言之便是「正常化，可；統一，將來再說」。[248]此三階段為：

1. 短程——中華人民共和國可能實現經濟改革的目標，創造政治自由化及民主化更大的條件；在同一時期，透過政治制度的改革，台灣也將持續自我強化。這是「交流與互惠的階段」，建立在人與人的接觸上。

2. 中程——「彼此信任與合作的階段」—— 將擴大郵政、交通與傳播的聯繫，台灣亦將提高參與中國東南部地區的發展，以及高層次的交流訪問。

3. 長程——雙方將能於創造「自由、民主及均富的中國」前提下，討論統一的議題。[249]

我們不難見出政治宣傳如何按此計畫運作，就兩岸關係

的國際性政治宣傳而言，中華民國在此階段也可以說相當成功，例如，李登輝表示期待台灣能成爲「希望的曙光與重建全中國的藍圖」，以「和平的經濟，以及文化、藝術的交流」呈現台灣經驗[250]，因此文化議題也一直是雙方關係中最富建設性的領域。事實上，國統綱領本身兼具了政策宣言及政治宣傳的雙重特質，誠如前陸委會主委黃昆輝所說的：

> 國統綱領的精神顯示了中華民國決心在三民主義之下統一中國的誠意。國統綱領不僅符合時宜，且以理性、和平、平等及互惠的原則爲基礎。國統綱領指出，國家統一應以人民福祉爲依歸；⋯⋯中華文化應受提倡，人性尊嚴受到保護，基本人權受到保障，民主受到實施。[251]

爲了實現這些外交與對外政策的目的，無論在短程上或長程上，中華民國都必須在大陸上自我宣傳。[252]然而，大陸上的傳統政宣活動——新聞、廣播、影片等——都受到了海峽兩岸政治和法律迷宮的層層束縛，例如，兩岸的電影工業都探索了交流的可能性，但進步卻相當有限；雜誌業方面也在建立交流上有了些許突破，但業者其實也仍面臨各種政治及法律的困擾。[253]目前最具突破性的方法，便是允許全民外交的發展。

　　一九八七年，台北放寬了經由第三國家或地區（通常為香港）前往中華人民共和國的限制，雖然一九九七年版的年鑑稱之為人道措施，但此舉更被視為「兩岸……為爭取民心的戰鬥」，正如前新聞局長邵玉銘所說的：「如果我們允許人民前往大陸，他們將能把民主和自由的訊息帶往大陸。」[254]當時的副外交部長章孝嚴也認為，這種訪問將能達成「一種對大陸的反攻，一種政治性而非軍事性的攻擊」。[255]克勞福（Ralph Clough）對此舉所將達到的成就相當樂觀，指出這種政治宣傳將能散播不滿和啓發的種子，提高對政治、社會與經濟選擇強烈的覺醒，雖然克勞福並無法保證，「透過訪問所建立的無數私人管道，將能說服大陸民眾，台灣通往現代化之路比中國共產黨所採取的路線更成功」。[256]台灣快速民主化的成就，確然為政治宣傳家提供了價值非凡的材料，因此當一位台灣學者於一九九八年五月訪問大陸時，曾有過如下觀察：

　　　毫無疑問的，即使有空氣污染和交通阻塞的問題，大陸學者仍羨慕我們在台灣的生活。在討論他們的生活條件時，他們非常謙卑，並不掩飾他們知道兩岸有極大的差距，但在論及國家感情，並認為台灣只不過是一個省分時，他們卻顯得非常傲慢。只有當他們以個

人的身分發言時，才可以見到人性的顯露。[257]

克勞福似乎也有同樣的心得，指出「許多人基於各種新的管道，修正了他們對另一方的看法，揚棄了過去三十年來的官方政治宣傳」。[258]上述評論反映出了衡量政治宣傳效果的相關問題（更多討論將見於本書結論）。值得再次強調的是，政治宣傳只是國家領導人與外交官所採用的工具之一，絕不可能僅憑此法獨立達成理想中的目標，然而我們並不應漠視其潛力：即使台灣的訪客在中國只和幾位大陸人士交談，這些大陸人士再和他們的親友交談，據估計，所謂的「台灣經驗」將能擴展到一億五千萬大陸民眾。[259]

不過訪問的流向只是單方面，亦即由台灣到大陸，限制了政治宣傳的力量。從前由大陸前往台灣，中國訪客必須放棄共產黨籍；到一九九二年雖已有放寬，退出共產黨籍已非訪問台灣的先決條件，但抵台之後，中國訪客在島上的活動仍須受到大幅限制[260]，所以雙邊的流向仍不均衡。一九九七年十月，根據《中國新聞》（*China News*）報導，中華民國有十五萬人申請前往中國大陸訪問；但由一九八九至一九九三年間，一共只有二萬三千位大陸人士訪問台灣，和一九八七至一九九二年間，共有三百萬人由台灣訪問大陸的數據簡直不成比例。

　　鼓勵由中國大陸到台灣做訪問，允許大陸民眾親眼見證
「台灣奇蹟」，將有利於台灣的政治宣傳。回顧一九九〇至九
六年間，新聞局允許一百六十位來自大陸的新聞記者抵台，
但只有一百一十七名確實來到了台灣。新的政策允許大陸新
聞機構遣送特派員到台灣長駐一年，之後還可以申請延長一
年（舊法規只允許六個月），隨著法規放寬之後，未來到台
灣的大陸記者，若能對新聞局為了「幫助他們調適台灣生活
及工作」而分發的手冊多加珍惜的話，此後大陸媒體上有關
台灣議題及台灣意見的報導，顯然將會因此而增加。[261]

附錄

新聞局各個部門如下：

國內新聞處（Department of Domestic Information Service）

國際新聞處（Department of International Information Service）

出版事業處（Department of Publication Affairs）

電影事業處（Department of Motion Picture Affairs）

廣播電視事業處（Department of Radio and Television Affairs）

資料編譯處（Department of Printed Materials）

視聽資料處（Department of Audio-Visual Service）

綜合計畫處（Department of Planning and Evaluation）

總務室（Division of General Affairs）

聯絡室（Division of Information and Protocol）

人事室（Division of Personnel）

會計室（Division of Budget and Accounting）

政風室（Division of Anti-corruption）

法規委員會（Regulation Committee）

訴願委員會（Appeal Committee）

註釋

1. 'Comments' by Byron S. Weng in Yang (1997).

2. Bate (1952), p. 151.

3. Nancy Bernkopf Tucker, 'Nationalist China's Decline and its Impact on Sino-American Relations, 1949-1950', in Borg and Heinrichs (1980), p. 149.

4. 通信，20 February 1997。

5. 通信，13 February 1997。

6. 訪問，27 May 1997。

7. Philip M. Taylor, *War and the Media: Propaganda and Persuasion in the Gulf War* (Manchester: Manchester University Press, 1992), p.19.

8. *China Yearbook 1959-60,* p. 1.

9. 感謝新聞局爲我提供多本自一九四五年以來的年鑑。新版年鑑現已可上網查詢：＜http://www.gio.gov.tw＞。

10. *The Republic of China Yearbook*, 1996.

11. *A Century of Achievement, A New Era of Innovation: the Evolution and Ideals of the Kuomintang of China* (Taipei: KMT Department of Cultural Affairs, 1994), p. 167.

12. Marks (1998).

13. *A Century of Achievement* (1994), p. 169.

14. Copper (1996), pp. 92-6; Tien (1989).

15. *FCJ*, 7 June and 8 November 1996;《中央日報》國際版，15 August 1997。

16. Gary Rawnsley (1996).

17. *The Republic of China Yearbook*, 1996.

18. *The Republic of China Yearbook*, 1997, p. 273.

19. *The Government Information Office of the Republic of China* (Taipei: GIO, 1995), p. 11.

20. 同上，頁12-13。

21. Coen Blaauw of FAPA，通信，28 August 1998。

22. 外交部組織系統表可由網路取得：＜http://www.mofa. gov.tw/orgc.htm＞。

23. Tim Healy and Laurence Eyton, 'Perils of Money Diplomacy', *Asiaweek*, 20 December 1996.

24. 同上。

25. *FCJ*, 2 June 1995.

26. 同上。

27. 同上；'Japanese find new links with partners in Taiwan', *FCJ*, 1 May 1998。

28. 訪問駐英國代表處簡又新博士，27 May 1997；訪問駐法國代表處田永康先生，7 July 1997。

29. 與各代表處的訪問與通信，1997-1998。

30. 訪問簡又新博士，27 May 1997。

31. Hoadley (1993), pp. 44-5.

32. Barbara Krug, 'German-Taiwanese Relations: a Reappraisal', in Yang (1997), p. 70.

33. Tucker (1980), p. 174.

34. 同上，頁149。

35. 同上，頁164與166。

36. 訪問，2 September 1997。

37. 通信，4 November 1997。

38. Dennis F. Simon, *Taiwan, Technology Transfer and Transnationalism*, University of California, PhD Dissertation, 1980, p. 61.

39. 訪問陳建勝先生，25 March 1997。

40. *FCJ*, 27 March 1998.

41. *Taipei-London* no.7, June 1996.

42. *The China News* (Taipei), 2 August 1998; 'Trade delegation to Europe signs on strategic partners', *FCJ*, 24 July 1998.

43. 取材自台北駐英國代表處網頁。

44. 'Relations Recast', *FCR*, 48 (3), March 1998: 1.

45. 通信，15 October 1997。

46. *FCJ*, 4 August 1995.

47. Hoadley (1993), p. 46.

48. Fred W. Riggs, *Formosa Under Nationalist Rule* (New York: Macmillan, 1952), p. 3.

49. Leonard A. Kusnitz, *Public Opinion and Foreign Policy: America's China Policy, 1949-1979* (Westport, Conn.: Greenwood Press, 1984), p. 31.

50. Warren I. Cohen, 'Ambassador Philip D. Sprouse on the Question of Recognition of the People's Republic of China in 1949 and 1950', *Diplomatic History* 2 (2), 1978: 213-17 (214).

51. Stanley D. Bachrack, *The Committee of One Million: 'China Lobby' Politics 1953-1971* (New York: Columbia University Press, 1976), pp. 125-16.

52. 同上。

53. 對台灣毫無所悉的人，確常錯以Taiwan（台灣）爲Thailand（泰國）。

54. 通信，13 February 1997。

55. 與陳天爵組長通話，11 June 1998。

56. 'Talking paper prepared by Secretary of State Dulles', 21 October 1958, *FRUS* 1958-60, XIX, China, p. 415.

57. Copper (1997), p. 84.

58. Allan Gotlieb, *'I'll be with you in a minute, Mr. Ambassador': The Education of a Canadian Diplomat in Washington* (Toronto: Toronto

University Press, 1991), quoted in Robert Wolfe, *Still Lying Abroad? On the Institution of the Resident Ambassador*, Discussion Papers in Diplomacy, no.33 (University of Leicester, 1997), p. 18.

59. Shen (1983), p. 199.

60. 與Coen Blaauw, FAPA通信,28 August 1998。

61. Kusnitz (1984); T. Christopher Jesperson, *American Images of China, 1931-1949* (Stanford: Stanford University Press, 1996); Brian Porter, *Britain and the Rise of Communist China: a Study of British Attitudes, 1945-1954* (London: Oxford University Press, 1967); Zhong-ping Feng, *The British Government's China Policy, 1945-1950* (Keele: Ryburn, 1994).

62. Shen (1983), pp. 263-4.

63. 同上,頁139。

64. *FCJ*, 9 May 1997; Shen (1983), pp. 235-7.

65. Hu (1995), p. iv.

66. Denis McQuail, *Mass Communication Theory: An Introduction* (Beverly Hills, Calif.: Sage, 1987), pp. 207-8.

67. *FCJ*, 28 March 1998.

68. 私人通信,29 April 1997。

69. Bennett et al. (1996), pp. 10-29; Rosemary Foot, *The Practice of Power: US Relations with China Since 1949* (Oxford: Clarendon

Press, 1995), p. 83.

70. *FCJ*, 28 March 1998.

71. *FCJ*, 9 June and 16 June 1995.

72. *FCJ*, 16 June 1995.

73. 'ROC ties with Canada on an upswing', *FCJ*, 19 January 1996.

74. 訪問駐芝加哥辦事處，19 September 1997。

75. *FCJ*, 30 June 1995.

76. 'Apocalypse, maybe', *The Economist: Survey of Taiwan*, 7 November 1998, p. 6.

77. Kerr (1966), p. 156.

78. 'Foreign press group told ROC eager to help its allies', *FCJ*, 5 June 1998.

79. Bate (1952), pp. 54-5.

80. 同上，頁96。

81. 通信，13 February 1997。

82. 中華民國駐南非大使館網頁。感謝陳建勝先生提供本網頁影印資料。

83. 訪問，25 March 1997。

84. Copper (1997), p. 518.

85. 訪問駐芝加哥辦事處，19 September 1997。

86. Berridge (1996), p. 2.

87. Hoadley (1993), p. 48.

88. Rowe (1975), pp. 17-8.

89. 同上,頁40。

90. *FCJ*, 27 December 1997.

91. Shen (1983), p. 206.

92. Rowe (1975), pp. 42-63.

93. Shen (1983), p. 150.

94. Hoadley (1993), p. 15 and p. 17.

95. Shen (1983), pp. 200-1.

96. 新聞局受訪對象也提到,我所寫一篇關於一九九六年總統大選的文章將被轉送至台北,並附信記錄我們的談話內容。我將被指認為「對台灣有高度興趣」的人士。

97. Berridge (1995), p. 41.

98. Tothill (1997), p. 12.

99. 與Foreign and Commonwealth Office通信,2 October 1997。

100. 訪問駐法代表處的田永康先生,7 July 1997。

101. Robinson (1996), p. 1343 and p. 1356.

102. 'Lee US Visa Preys on China's Worst Fears', *Financial Times* (London), 24 May; Robinson (1996), p. 1345.

103. Robinson (1996), p. 1344.

104. <http://www.FreeRepubilc.com>。

105. Bachrack (1976), pp.132-8; p. 6.

106. Memorandum from Joseph Ku to Wellington Koo, 3 February 1949, Wellington Koo Papers, Columbia University (New York), Box 180.

107. Bachrack (1976), pp. 191-5.

108. 同上，頁204-5。

109. 同上，頁206。

110. Shen (1983), p. 202 and p. 43.

111. 同上，頁43。

112. Sterling Seagrave, *Lords of the Rim* (London: Corgi, 1996), pp. 287-312; T. Christopher Jesperson, *American Images of China, 1931-1949* (Stanford: Stanford University Press, 1996).

113. Foot (1995), p. 85; Frank Welsh, *A History of Hong Kong* (London: HarperCollins, 1994), p. 42.

114. Kerr (1966), p. 154.

115. Memorandum from Norman Paige to Joseph Ku on 'Public Relations Operations for Chinese Nationalist Government', 9 June 1949, Wellington Koo Papers, Columbia University (New York), Box 180.

116. 同上。

117. Memorandum from Joseph Ku to Wellington Koo, 3 February 1949, Wellington Koo Papers, Columbia University (New York), Box 180.

118. Memorandum from Norman Paige to Joseph Ku on 'Public Relations

Operations for Chinese Nationalist Government', 9 June 1949, Wellington Koo Papers, Columbia University (New York), Box 180.

119. 同上。

120. Garth Alexander, *Silent Invasion: The Chinese in Southeast Asia* (London: Macdonald, 1973), p. 175.

121. Kerr (1966), pp. 400-1, p. 414.

122. 同上，頁350。

123. *Five Years of United China Relief*, p. 6 (United China Relief-United Service to China Papers, Box 48, Seely G. Mudd Manuscript Library, USA).

124. *Time*, 15 March 1943.

125. Jesperson (1996), p. 83 and p. 99.

126. *Chicago Daily Tribune*, 22 March 1943; *The Times* (London), 14 March 1998.

127. Tucker (1980), p. 165.

128. Jesperson (1996).

129. Kusnitz (1984), p. 30.

130. Jesperson (1996), p. 112.

131. Jasper Becker, *Hungary Ghosts: China's Secret Famine* (London: John Murray, 1997).

132. Kerr (1966); Lai Tse-han, Ramon H. Myers, and Wei Wou, *A Tragic*

Beginning (Stanford: Stanford University Press, 1991).

133. Kerr (1966), pp. 316-20.

134. 同上，頁317。

135. 同上。

136. Foot (1995), p. 88.

137. Bachrack (1976), p. 8.

138. 同上，頁17；*Time*, 9 November 1936, pp.18-19, quoted in Jesperson (1996), p. 28.

139. *Life*, 24 July 1950, p. 26.

140. W. A. Swanberg, *Luce and his Empire* (New York: Scribners, 1972), p. 214; Jesperson (1996), pp. 11-44 and p. 127.

141. *New York Times*, 23 April 1950.

142. Merle Miller, *'Plain Speaking': An Oral Biography of Harry S. Truman* (New York: G. P. Putnam's Sons).

143. Bachrach (1976), pp. 80-1.

144. 同上，頁108。

145. Welsh (1994), p. 442.

146. Robert Newman, 'Clandestine Chinese Nationalist Efforts to Punish their American Detractors', *Diplomatic History* 7 (3), 1983: 205-22.

147. *Wall Street Journal*, 5 September 1958.

148. Marchetti and Marks (1974), p. 172.

149. 見本書結論。

150. Kusnitz (1984), p.79fn.

151. 同上，頁70。

152. *Washington Post*, 29 December 1978.

153. Hood (1997), pp. 64-70.

154. Tothill (1997), p.14.

155. 通信，15 October 1997。

156. 英國外交部的消息來源希望保持匿名；'ROC toes with Canada on an upswing', *FCJ*, 19 January 1996.

157. Krug in Yang (1997), p. 70.

158. Hoadley (1993),p. 20.

159. 同上，頁46。

160. Kerr (1966),p. 154.

161. 同上，頁155。

162. *FCJ*, 26 June 1998; Rowe (1975), p. 36 and pp. 48-50.

163. 感謝包威爾先生與我分享他在英—台國會小組的工作心得與經驗。

164. 「東方猶太人」這個名詞曾被陳建勝先生提及（訪問，25 March 1997），也曾出現在由King Rama VI 所寫關於泰國華人的一份傳單上，這份傳單是在二十世紀頭十年中所印行的，請參見Patacharin Mayakarn, *Chinese Assimilation in Thailand*, 1910-

1960, unpublished MA dissertation, Department of Politics, University of Nottingham (1998), p. 7.

165. *Republic of China Yearbook*, 1993, p. 187.

166. 同上，頁187-8。

167. *The Republic of China Yearbook*, 1997, p. 146.

168. 一九九六年，美國接受了一萬多位來自台灣的移民；美國之外，其他受歡迎的移民地點分別為加拿大、紐西蘭與澳洲；南非的吸引力已下降，一九九○年代早期平均每年有一千人從台灣移民到南非，一九九六年時則僅有五人。

169. 多數中國移民居住的地區都有國民黨分部的建立。

170. Shih-shan Henry Tsai, *The Chinese Experience in America* (Bloomington: Indiana University Press, 1986), p. 135; Dr James Ng, 'Chinese Settlement in New Zealand - Past, Present and Future', speech to the Wellington Chinese Association, 21 June 1996.

171. *FRUS*, China 1958-60, XIX (1996), p. 444.

172. 同上。

173. Rowe (1975), pp. 11-12.

174. Lynn Pan, *Sons of the Yellow Emperor* (London: Mandarin, 1991), p. 220; Garth Alexander (1973); Becker (1996); *A Decade of Chinese Communist Tyranny* (1960).

175. Joaquin Beltran Antolin, 'The Chinese in Spain', in Gregor Benton

and Frank N. Pieke (eds), *The Chinese in Europe* (London: Macmillan, 1998), p. 216.

176. 同上，頁231。

177. *FRUS*, 1958-60, XIX, China (1996), pp. 711-12; Mette Thuno, 'Chinese in Denmark', in Benton and Pieke (1998), p. 187; Rowe (1975), pp. 26-7.

178. Frank N. Pieke and Gregor Benton, *Chinese in the Netherlands* (University of Leeds: Leeds East Asia Papers, no.27, 1995), p. 9.

179. 同上，頁10與28。

180. 同上，頁38。

181. Li Minghuan, 'Transnational Links among the Chinese in Europe: a Study on European-wide Chinese Voluntary Associations', in Benton and Pieke (1998), pp. 32-3.

182. 同上，頁40與註20。

183. Pieke and Benton (1995), p. 70.

184. Gary Rawnsley and Ming-Yeh T. Rawnsley, 'Regime Transition and the Media in Taiwan', in V. Randall (ed.), *Democratization and the Media* (London: Frank Cass, 1998).

185. 《新新聞》，3-9 May 1998, p. 59。

186. 感謝李勳墉先生提供資料。

187. Li Minghuan in Benton and Pieke (1998), p. 33.

188. Thunø in Benton and Pieke (1998), p. 187.

189. 僑務委員會主任由行政院長提名、總統聘任，必須向兩位首長

　　及立法院負責。

190. Ng (1996).

191. Thunø in Benton and Pieke (1998), p. 187.

192. *Taipei-London* no.7, June 1996.

193. 《光華》有中／英、中／西、中／日文對照等版。

194. *Sinorama*, 'protective dust cover' of issue 8 (vol.22), August 1997。

　　更多關於《光華》的資訊可由網路取得：＜http://www.

　　sinanet.com/sinorama/＞。

195. Pan (1991), p. 222.

196. *FRUS*, 1958-60, XIX, China, pp. 413-7.

197. 同上，頁425。

198. 同上。

199. 與陸委會通信，13 September 1997。

200. *FRUS*, 1958-60, XIX, China.

201. 'Thousands making the move to Canada', *FCJ*, 1 March 1996.

202. Pan (1991); Benton and Gregor (1995), p. 33.

203. Pieke and Benton (1995), p. 18.

204. *FCJ*, 8 August 1997.

205. Ng (1996); 'Thousands making the move to Canada', *FCJ*, 1 March

1996.

206. Ng (1996).

207. S. W. Grief (ed.), *Immigration and National Identity in New Zealand* (Dunmore Press, 1995), p.186, quoted by Ng (1996); Antolín , in Benton and Pieke (1998), pp. 232-4.

208. 與陸委會通信，6 August 1998。

209. ＜http://ww.taipei.org/other/student.htm＞。

210. 據估計，一九九七年的旅英台灣留學生約為一萬三千人，比一九九三年的一萬人提高近三成。與簡又新博士通信，20 October 1997。

211. 由此卻也再次提醒了學者，在使用官方數據時須格外謹慎，因為訊息並不經常一致：根據一項對一千一百四十七名海外留學生於一九九七年所做的問卷調查顯示，百分之七十二點八的受訪者表示知道僑委會在海外有分支機構，其中一半的受訪者和這些機構有接觸；在四百三十一位有某種接觸的受訪者中，百分之七十表示對所提供的服務感覺滿意。

212. *The Times* (London), 15 March 1996, p. 14.

213. Ellen Dionne Wu, 'Chinese American Transnationalism Aboard the "Love Boat": The Overseas Chinese Youth Language Training and Study Tour to the Republic of China, 1966-1997', Paper presented to the 40th American Association of Chinese Studies, October 1998.

214. *China Yearbook, 1958-9*, p. 231.

215. Ellen Dionne Wu (1998), p. 14.

216. 同上。

217. 同上。

218. 同上，頁28。

219. Ng (1996).

220. *Taipei-London*, no.7, June 1996.

221. David Parker, 'Chinese People in Britain', in Benton and Pieke (1998), p. 83.

222. Hu (1995), p. 38.

223. 'Culture is new focus for export-minded Taiwan', *FCJ*, 6 November 1998.

224. 在此我必須向劉定一博士的所有協助致上謝忱。

225. Michael Nelson, *War of the Black Heavens: the Battles of Western Broadcasting in the Cold War* (London: Brassey's), p. 4.

226. Taylor (1997), pp. 79-80.

227. 同上，頁80。

228. Marshall (1997), p. 2.

229. *The Republic of China Yearbook*, 1997, p. 111.

230. *The Republic of China Yearbook*, 1993, p. 143.

231. Huang Kun-huei, 'ROC Policy Toward Mainland China: Planning

and Prospects', in Hu (1994), p. 225.

232. *The Republic of China Yearbook*, 1993, p. 143.

233. 同上，頁146-7。

234. *The Republic of China Yearbook*, 1997, p. 112.

235. Rowe (1975), p. 14.

236. Chang Liang-jen, 'The Koo-Wang Talks and Cross-Strait Relations', in Hu (1994), pp. 246-51.

237. Hungdah Chiu, *The Koo-Wang Talks and the Prospect of Building Constructive and Stable Relations Across the Taiwan Straits* (Baltimore: University of Maryland Law School, 1993).

238. Steve Chan and Carl Clark, 'The Mainland-Taiwan Relationship: From Confrontation to Independence?', in Chen, Huang and Wu (1995), p. 57.

239. Huang Kun-huei in Hu (1994), p. 223.

240. Cabestan (1996), pp. 1260-83.

241. 'SEF-ARATS talks not fruitful', *FCJ*, 31 July 1998.

242. 'Koo's mainland trip yields four-point consensus', *FCJ*, 23 October 1998.

243. Cabestan (1996), p. 1276.

244. 《中央日報》，22 March 1997。

245. 'Taiwan-Mainland Relations in the Past Year', Mainland Affairs

Commission (MAC), 17 May 1997.

246. Hidenori Ijiri, 'Taiwan's "Pragmatic Diplomacy" and Its Implications for the Chinese, Mainland, Japan and the World', in Yang (1997), p. 38; Hu (1994), p. 219.

247. *The Times* (London), 10 October 1997.

248. Cabestan (1996).

249. *FCJ*, 11 March 1991; Clough (1993), pp. 132-3; Huang Kun-huei in Hu (1994), pp. 236-9.

250. Klintworth (1995), p. 175 and p. 90.

251. Huang Kun-huei in Hu (1994), p. 225.

252. 李登輝已於二〇〇一年正式脫離國民黨,也曾一再公開質疑、抨擊國統綱領的內容與目標。不過本書的目的並不在探討李登輝大陸政策的轉變或國統綱領的對錯,而在以事實（facts）分析中華民國在不同時期,各個層次上的政治宣傳及功效,因此未曾對研究期限之後（一九九八年七月三十一日止）的兩岸情勢發展深入追蹤。然而這些政壇上的變動,基本上卻一再肯定了本書所重複強調的結論:政治宣傳家必須經常對目標、方法和結果重新評估,以便達到在國際上推銷本國政策及形象的任務,可是要做到這一點,政治宣傳家首先便需要設計出一個統籌的訊息,這個訊息或隨著時代的變遷而有不同,但在散布的當時,卻必須有其一致性,政治宣傳才能發揮最大的作用。有

關作者本人對民進黨執政後的政治宣傳評價，請見卷後語。

253. 'Cross-Strait film exchanges bridge political, cultural gap', *FCJ*, 11 July 1997; 'Magazine industry eager for exchanges with mainland', *FCJ*, 27 February 1998; *FCR*, 47 (8), August 1997.

254. *Washington Post*, 20 September 1987.

255. *New York Times*, 13 October 1987.

256. Clough (1993), p. 38.

257. 同上。

258. 同上，頁80。

259. Klintworth (1995), p. 179.

260. Clough (1993), pp. 85-6.

261. 'Rules for mainland reporters eased', *FCJ*, 15 November 1996.

第四章
台灣的國際媒體與外交

Taipei

Taiwan

本章摘要

* 中華民國如何利用政治宣傳和「媒體外交」(media diplomacy) 雙管齊下，使駐外官員的外交活動受到強化？必須注意的是，媒體雖然提供了比正式途徑更多元化的溝通管道，但它通常只能進行間接性的外交，因為媒體所扮演的角色，只是報導官員的談話而已。

* 外交溝通的目的多在意見交流、確認意圖，以及在毋須過度討價還價或揚言威脅的情況下進行協商。媒體幫助呈現外交立場，提供象徵意義，向其他國家傳遞特別的信號，並重申既定的承諾。跨國界的資訊流通對國家的行為、自我及彼此的認同，都產生了深遠的影響。如果媒體能以這樣的方式影響外交行為，那麼實行者便應學習瞭解媒體的結構，以便知道如何掌握媒體在場的優勢。

* 媒體並不能成為傳統外交溝通的替代品，而只能是補充物。有人以為，在傳播科技快速發展的今天，外交官做為資訊蒐集者的角色已被剝奪，因為國家領袖及政府元首，都能透過衛星、有線科技與電話會議彼此交流，同時外交官解釋對外政策的功能也已喪失，因為受眾自己便能做出

詮釋。但二十世紀對外政策的複雜性，使我們必須以更理
性的態度來從事外交，在後冷戰時代尤其如此！昔日封閉
社會的崩潰，以及現代傳播科技的進展和運用，已造成了
一個大量資訊快速穿梭全球的開放世界，使得個別外交官
的專長變得格外重要，因爲瞭解此一生生不息的資訊流
動，對資訊進行過濾、詮釋，並對資訊來源加以評估，都
具有迫切的必要性。換句話說，現代媒體並不能取代駐地
外交官，事實上，媒體的存在反而使外交官的工作變得更
加重要。

* 本章把焦點放在推銷中華民國最具代表性的幾種媒體上，
這可分爲印刷媒體及廣電媒體兩大類，而在討論的過程
中，讀者將可見出這些媒體如何由冷戰期間單純的政宣工
具，轉變爲今日做爲外交溝通及公共關係充滿活力的管
道。印刷媒體部分主要介紹了《台北紀事報》及《英文台
北評論月刊》；海外廣播的部分主要介紹了「自由中國之
聲」與「亞洲之聲」。此外，本章對網際網路的使用、海
外電視廣播及亞太媒體中心的發展等，也都做了相當的探
討。

基於媒體跨越國界的本質，媒體工業已成為增進國際
瞭解及合作的重要橋樑。[1]

　　上一章描述了中華民國用來向國際社會自我宣傳的複雜
組織，本章則旨在探討其藉以自我宣傳的媒體型式。這些都
是官方的管道，由新聞局負責，因此也向行政院負責。利用
政治宣傳和「媒體外交」雙管齊下，使得駐外官員的外交活
動受到強化——媒體外交在此處的定義為：官方之意見、利
益及企圖，透過媒體獲得表達的行為。媒體提供了比正式途
徑更多元化的溝通管道，也達到更多的民眾，特別是在增強
兩岸外交的非正式性格上，媒體顯得尤其重要，但這通常是
一種間接性的外交，因為媒體所扮演的角色，只是負責報導
兩岸官員的陳述及演說而已。例如，一九九七年初，當鄧小
平的健康加速惡化時，陸委會副主委告訴中國新聞通訊社
（China News Agency），倘使鄧小平去世，台北與中華人民共
和國的關係並不會受到影響：「他表示，政府將持續現行政
策，繼續提倡兩岸交流，無論（鄧）發生何事。」[2]此一談話
被廣播到大陸，再次肯定了台北從事彈性外交的決心，其他
的報導也一再向聽眾保證，台灣在大陸的私人投資不會受到
干擾。

　　有時媒體的使用則較直接，例如，辜汪會談自一九九五
年停擺之後，兩岸的溝通便多需透過媒體[3]，而這可由各種事

件加以證實：一九九六年二月初，李登輝總統準備了一篇演
講稿對大陸廣播，但更重要的是他演說的方法——李登輝選
擇以標準國語演講，好讓大陸上的民眾能夠瞭解他的談話內
容。[4]一九九六年四月，《自由中國紀事報》寫道：「選舉獲
勝後的幾天之內，中華民國新當選的領導人透過國際媒體的
訪問，向中國大陸伸出友誼之手。」在與《亞洲華爾街日報》
（*Asian Wall Street Journal*）的訪問中——此刊物在香港出
版，因此中國大陸民眾頗易於取得——李登輝向中華人民共
和國保證，與北京簽署一項和平協定，將是他的首要之務，
他說：「大門永遠開著。」副總統連戰接受CNN訪問時，也
做出了相同的表示。[5]

　　因為北京的回應會反映在中國的報刊中，因此這類溝通
方式通常都有特定的對象。中華人民共和國的官方新聞通訊
社——新華社，經常發表海協會及國台辦發言人的訪問內
容，這些訪問會出現在大陸主要媒體上，然後隨之刊載於香
港各大報。江澤民曾利用與《華盛頓郵報》及《時代》周刊
所做的訪問，向台灣傳達他對兩岸議題的態度[6]，因為無論是
在台北，或是由台北派駐香港工作的官員，都很容易監督這
類訊息，因此這類訪問的內容，都被視為北京對中華民國發
出的「官方回應」，儘管兩岸之間並沒有「府對府的」溝通
管道。[7]有些官員曾擔心這種透過媒體傳話的外交風格，將逐

漸取代正統的管道，另也有人對中華人民共和國利用媒體散布謠言，從而促使中華民國錯估北京的意圖大感困擾，例如，《中國時報》的一位副總編輯便認為，大陸經常利用媒體測試風向，一九九六年時，北京曾刻意運用媒體製造中華人民共和國及中華民國之間的緊張。[8]如此一來，大眾媒體反而使外交工作變得更加重要，因為外交官必須要能評估訊息和來源的真實性及可信度。在一陣混亂的外交活動及媒體大猜謎之後，辜振甫在一九九六年九月指出，兩岸「可以進行直接對話，……但應經由正常管道，而非像無建設性的測試汽球般亂飄」。一九九八年，陸委會發言人許柯生指責北京避免既存的溝通管道而濫用媒體，其實北京「只需簡單以傳真機……向台北正式知會他有意重新展開……談話的意願」。[9]一九九七年八月時，中國共產黨「直接」向國民黨示好，而非透過國家經營的新聞通訊社「轉達」，被視為一大進步。[10]一九九八年初，當重新恢復（有關會談）的談話漸增後，利用媒體做為溝通管道的情況也逐漸降低，信件和傳真的往返變得較為頻繁，這顯示了當雙方關係最低迷的時期，對媒體外交的倚賴程度最高，但關係出現進展之後，傳統的外交溝通方法還是較為優先的選擇。

此外，兩岸媒體產品的流量雖然持續增加，但由台灣至大陸的流向還是遠大於反向的流動。攜帶政治訊息的媒體產

品同時受到雙方的禁止，但這卻不能阻止較含蓄，因此通常也較有效之文化類政治宣傳的散播，以共享的歷史及文化認同為焦點，克服政治上的隔離。

媒體改變了現代國際關係的行為模式，外交不再是外交菁英的禁區，而能在全球大眾的注目下，以充滿戲劇化的方式進行。此一情況之所以能夠發生，是由於傳播科技的驚人進展，允許了立即的反應受到立即的報導，因此在國際媒體系統的網狀擴張下，瞭解媒體如何與全球外交產生互動，實有迫切的必要。媒體能夠提供額外的溝通管道，使外交過程獲得進一步的開展；畢竟，媒體和外交都和溝通有關，當不必考量秘密及敏感度的因素時，媒體是外交溝通最可信賴也最有效率的信息傳遞者。[11]但中華民國政府官員對於放任媒體報導其一舉一動所帶來的相關問題，已變得十分精明，因此他們試圖避開媒體的聚光燈以辦理外交。這種報導模式被稱之為「煮飯哲學」，也就是媒體對官員的舉動窮追不捨，好比在煮飯時不斷掀開鍋蓋，到頭來這鍋飯永遠半生不熟。[12]一九九六年八月，前副總統連戰到多明尼加共和國進行官方訪問，當他從媒體上消失之際，連戰的行蹤乃變成猜謎遊戲，由德國、匈牙利到烏克蘭（Ukraine）不等（最後一個猜測才是正確答案），但重要的是，連戰知道要訪問與中華民國沒有正式關係的國度，他必須格外謹慎，避免觸怒中華人

民共和國，因此他必須擺脫媒體。

基於相同的理由，前外交部長章孝嚴於一九九六年訪問南非時，也曾在媒體上一度「失蹤」，以便訪問比利時（Belgium），目的在與「歐洲國會（European Parliament）的相關人物」進行接觸，因為中華民國期能在避免中國的抗議下，與愈益整合的歐洲加強聯繫。章孝嚴解釋道：「事實上那個時候我正在煮飯，所以我什麼也不能說。」[13]

在達到溝通和某些象徵性的意義上，媒體格外有用，因此對僅有少數替代性外交方法的國家而言，媒體的重要性尤為凸顯。由以下的例子，我們便能看出中華民國如何將媒體引進外交工作，其對象顯然是各種不同的受眾，包括中國大陸和美國在內，使他們不得不立即做出反應以便澄清立場：

> （外交部長章孝嚴）在四月二十三日的記者會上表示，中華民國已決定申請世界健康組織（World Health Organization，簡稱WHO）觀察員身分……
>
> 「參與國際組織最具彈性的做法，便是申請成為觀察員。」章孝嚴補充道：「我們無意挑戰中國在該組織的地位。」
>
> 他也指出，如果中國大陸否決台灣對WHO的申請，將會引起國際間的強烈反彈。[14]

我們必須注意外交語言上的遣詞用句，有向預定達到的
政府傳達最清楚訊息的目的。舉例來說，一九七〇年時，美
國國務院發言人麥克勞斯基（Robert J. McCloskey）曾通知新
聞界，協商很快將在「中國共產黨大使館」舉行。幾個小時
後，白宮指示麥克勞斯基修改他的用詞，於是他重新宣布，
會談將在「中華人民共和國大使館」展開。那是美國發言人
首次以官方名稱來指稱中國政府：「麥克勞斯基三次提到
『中華人民共和國』，以便確保這個訊息將會清楚地傳到太平
洋對岸。」[15]

　　當然，只有少數的特殊情況，外交溝通才會如此充滿戲
劇性，畢竟外交溝通的目的多在意見交流、確認意圖，以及
在毋須過度討價還價或揚言威脅的情況下進行協商。媒體幫
助呈現外交立場，提供象徵意義，向其他國家傳遞特別的信
號，並重申既定的承諾。跨國界的資訊流通對國家的行為、
自我及彼此的認同，都產生了深遠的影響。如果媒體能以這
樣的方式影響外交行為，那麼實行者便應學習瞭解媒體的結
構，以便知道如何掌握媒體在場的優勢。媒體與外交之間一
向被定義為負面關係，因為媒體往往被視為具有干擾及破壞
外交秘密的隱藏動機，或是被視為用來動員大眾的工具。皮
爾斯（David D. Pearce）在一九九五年出版了他對媒體與外
交互動的研究——《提防夥伴》（*Wary Partners*），雖然書名

見證了對此關係的傳統看法，但作者也注意到了另一層的可能性，指出媒體和外交若能瞭解並適應其所操作的新環境，將能互相裨益。[16]

本章把焦點放在推銷中華民國最具有代表性的幾種媒體上，討論的過程，將呈現出這些媒體如何由冷戰期間單純的政宣工具，轉變為今日做為外交溝通及公共關係充滿活力的管道。

首先必須強調的是，媒體並不能成為傳統外交溝通的替代品，而只能是補充物。有人以為，在傳播科技快速發展的今天，外交官做為資訊蒐集者的角色已被剝奪，因為國家領袖及政府元首，都能透過衛星、有線科技與電話會議彼此交流，同時外交官解釋對外政策的功能也已喪失，因為受眾自己便能做出詮釋。克拉克（Eric Clarke）在一九七三年曾寫道，一位駐歐大使覺得他的使館很容易可以被公關公司所取代。[17]那麼外交官的未來應該何去何從呢？事實證明，職業外交官不僅仍然存在，而且欣欣向榮，為什麼？漢默頓（Keith Hamilton）與蘭亨（Richard Langhorne）曾經指出，早在一八六一年時，許多英國人即已覺得，電報及電話將使永久性駐外代表不再有其必要，甚至連維多利亞女王（Queen Victoria）都有錯誤印象，以為駐外大使的時代已經過去了！[18]但二十世紀對外政策的複雜性，使我們必須以更

理性的態度來從事外交，因此駐外代表成爲不可或缺的要
素，畢竟科技永遠無法取代有經驗的外交官所嫻熟的傳統技
巧。美國國務卿修斯（Charles E. Hughes）在一九二四年時曾
說：

> 因爲我們擁有進步的傳播設備，便認爲我們已不再需
> 要外交代表，根本是全然不切實際的想法。我們需要
> 人。我們不能倚賴紙張，也不能倚賴直接的訊息，我
> 們需要人與人的私人接觸來執行政府的工作。[19]

最近的研究結果亦顯示，外交需要「運用其他文化知識
及協商的技巧，說服的藝術，觀察與報告的能力」；外交
「既非反覆無常的奢侈品，也非過時的事物，對國家安全至
爲重要。在愈益複雜的世界中，外交官的警告、技巧與建
議，是防止災難不可或缺的保障。」[20]而在後冷戰時代尤其
如此。昔日封閉社會的崩潰，以及現代傳播科技的進展和運
用，已造成了一個大量資訊快速穿梭全球的開放世界，使得
個別外交官的專長變得格外重要，因爲瞭解此一生生不息的
資訊流動，對資訊進行過濾、詮釋，並對資訊來源加以評
估，都具有迫切的必要性。換句話說，現代媒體並不能取代
駐地外交官，尤有甚者，媒體的存在反而使外交官的工作更
加重要！一九五八年的金馬危機期間，美國駐中華民國大使

為國務院分析北京所播出的一段廣播，證實了上述論點：這位美國大使擔心美國輿論界——此段廣播真正想要達到的對象——將會受到修好語調的欺瞞，因為美國民眾並無任何與中國共產黨接觸的經驗，於是這位大使根據他的評估，對美國政府提供了寶貴的建言。[21]

印刷媒體

在以電子媒體為主導的時代，老式印刷媒介的貢獻很容易受到忽略，但在新聞局負責的所有傳媒中，印刷媒體乃是最成功也最易於使用的政宣工具，正如哈洛德‧尼可森所說的，印刷刊物是「外交的盟友」。[22]印刷媒體的優點為：容易分發（郵寄名單極易取得）及貯存；讀者可以在休閒的時候閱讀；它們可以提供圖文的組合以便吸引讀者的注意力；而且它們可以成為具有持續性的參考資料。

相較之下，電子媒體——尤其是收音機——只是訊息瞬間的紀錄，同時它們的對象也比印刷媒體缺乏選擇性，不過這一點又帶來了有關「廣播」（broadcasting）及「窄播」（narrowcasting）優劣的辯論。[23]廣播能夠達到較廣大且較多樣化的受眾，從而對大眾意見造成直接的影響；窄播使媒體

能夠較有系統地計畫並協調其政治宣傳，將訊息導向較有影
響力的潛在受眾。電子媒體大多是被動的，受眾需要具備某
種程度的熟練（例如必須知道如何使用某種科技、如何尋找
特定頻道等），更遑論某種程度的財富（例如要買得起電
視、電腦等），換句話說，電子媒體並非眞的「無遠弗屆」，
因此布朗（Donald Browne）指出廣播有其基本上的限制，而
電腦網路更是如此。[24]不過這些問題並未阻撓許多政府試圖
利用電腦網路出版，使擁有此一科技的人，都能在網路上下
載特定的期刊和雜誌。自一九九五年七月起，新聞局的網頁
以幾種不同的語言在網路面世，極受歡迎，截至一九九七年
五月止，訪客已達十四萬人。此一網站提供了有關中華民國
豐富的訊息，包括刊載整本《中華民國英文年鑑》，以及各
種有用的連線，達到一百二十二個個別的政府部門，同時它
允許訪客瀏覽各海外代表處的網頁，從而獲得他們在世上某
個特別角落工作更詳盡的透視。這些網站對中華民國的非正
式外交十分重要，因爲它們攜帶了對根據地獨特的訊息，例
如，英國網站包括了主要歐洲語言的網頁及南非網頁，日本
網站則刊登了中華民國與日本商業關係及活動的相關新聞。
此外，這些網站都複製了新聞局所出版的印刷媒體，提供來
自台灣眞實時間的新聞、中華民國政治人物的演說、對大陸
關係的報導，並以英文、德文、西班牙文、法文、日文、俄

■中華民國的外交及宣傳工作皆已進入電腦網路的時代
（駐英代表處提供）

文與繁簡體中文，刊載有關中華民國的一般訊息。

多數政府部會──包括負責教育、華僑、外交等事務的部門在內──都製作了自己的網頁，不過他們的網站通常較難尋找，而且多半只有中文版。此一事實再次印證了前一章的討論，也就是中華民國相當數量的政治宣傳都僅以華人為目標。倘若缺乏必要的語言或軟體，便無法收看這些網站，因此其政治宣傳效果有限。

新聞局以幾種語文出版了十種不同的期刊，專門以海外受眾為目標，包括英文、西班牙文、法文、俄文、德文與日文（見表4-1），其中最受到廣泛閱讀的是英文版《自由中國紀事報》（現已改名為《台北紀事報》，但基於本書研究資料的時間性及討論上的便利，下文將以*FCJ*簡稱之），以及《英文自由中國評論月刊》（現已改名為《英文台北評論月刊》，但基於上述同樣的理由，下文將以*FCR*簡稱之）。這兩種刊物

的雇員都面臨相當奇特的處境，因為他們的主要身分是公務員，其次才是記者，他們不僅在擁有副總編輯頭銜的資深公務員監督之下從事新聞工作，同時辦公室也都位於新聞局內部，因此由外在設計上，他們顯然是政府部門的一分子，此一部門的任務是向海外提倡中華民國，而他們必須向此一機構負責。不過對這些雇員來說，他們的看法卻有不同，他們認為自己的主要身分是記者，其次才是公務員，當兩個身分有所牴觸時，他們會以忠於新聞工作自許，[25]因此本書將他們統稱為「記者」，但這並不表示其職業生涯的分裂性格已經找到了圓滿的解決方案。

如同新聞局派駐海外大使館或代表處的官員，這些記者口徑一致地表示，他們絕不從事政治宣傳：「FCJ的使命是報導在中華民國所發生的政治、經濟、社會與文化發展。」[26]前FCR資深編輯魏理庭（Richard R. Vuylsteke）堅持：「我不認為我們的工作是政治宣傳。……我們的目標，是對影響這個社會的關鍵性議題呈現平衡的觀點。」[27]

我們不妨回溯本書稍早的討論：以事實及告知的方法推銷中華民國、報導台灣的發展，不僅是一種政治宣傳，而且是非常有效的一種，對加強駐外代表的外交功能具有重要貢獻。然而我們也必須接受一個事實，亦即這些記者顯然是以一種較為精練的態度從事其工作，因此由他們的訪問中，反

表4-1　新聞局出版的期刊

期刊名	種類	語言
台北紀事報 （*Taipei Journal*）	周刊	英文
Noticias de la Republica de China	十日刊	西班牙文
Les Echos de la Republique de Chine	十日刊	法文
英文台北評論月刊 （*Taipei Review*）	月刊	英文
光華 （*Sinorama*）	月刊	中西文對照 中英文對照 中日文對照
La Chine Libre	雙月刊	法文
CBO σO θHЫU KUMAU	雙月刊	俄文
Freies China	雙月刊	德文
中華民國英文年鑑 （*Republic of China Yearbook*）	年鑑	英文

映出他們雖在職業上屬於公務員，但他們仍然吸收了新聞工
作的文化，並對其專業素養及信譽可能受到的負面影響相當
警覺，畢竟如果這些媒體被讀者認為是政府的傳聲筒，政治
宣傳的可信度將被破壞殆盡，其任務也就無法達成了！曾在
*FCJ*工作的盛逸琴指出，她「努力於呈現公平、平衡的新聞
報導。我無意捏造美好的假象以說服讀者，我相信我的報導
都不是片面之詞，也不會為了中華民國政府的利益而持有偏
見。」[28]

　　雖然這些記者們坦承，他們「偶爾」會收到來自新聞局

對某些報導的指示，但編輯人員竭力保證，對於新聞故事的選擇，以及由何種角度切入某則報導的最後決定權，他們享有「完全的獨立性」。不過情況並非一向如此；冷戰期間，編輯與記者們的自由便相當受到限制，即使到了一九八一年，當時的新聞局長宋楚瑜對《光華》也仍有很深的介入，親自校閱每一篇文章，對內容與編排提出各種建議和評論。[29]當邵玉銘以國際關係及法律教授的身分，於一九八七年出任新聞局長時，情況終於有了轉變。邵玉銘的聘任適逢戒嚴法的廢除，以及外交友邦的快速銳減，中華民國發現她必須在國際賽場上，和中華人民共和國進行比昔日更加激烈的競爭。邵玉銘認為有必要出版國際社會能夠接受為具有公信力的刊物，因此必須降低這些刊物顯而易見的政宣功能；他決心讓刊物的報導更具平衡與精確性，同時國際社會對台灣的瞭解也不能只侷限於經濟和政治。換句話說，FCR必須擴大報導的層面，更必須具有可信度，才能成為成功的宣傳工具，加強政治宣傳的威力！

於是從邵玉銘之後，FCR的自主權和編輯自由都受到了大幅提昇，恰與發展彈性外交的政治氣候相吻合。此外，前FCR總編輯江炳倫對於加強該刊客觀報導的品質，也是功不可沒。江博士為政治學教授，以合約的方式受聘於新聞局，因此其身分既非新聞記者，也不是公務員，他自由派學者的

聲譽摧毀了從前*FCR*做為黨派或政府發聲器的形象，同時因為多位新聞局主管都是他的學生，也使他們的合作關係獲得潤滑。一位資深編輯曾大力讚揚邵玉銘和江炳倫對改造*FCR*的貢獻：

> 因為這兩位先生，我們得以從事——並出版——客觀報導，當時其他的政府刊物，坦白說，都仍然在製造一般的虛言。我們是頭一個對民進黨（當時仍為非法的主要在野黨）做報導的刊物，刊登抨擊執政黨的訪問，將北京的英文寫成Beijing（即中華人民共和國的官方拼音）而非Peking（中華民國所採用的傳統拼法），詳細報導中國大陸，以及報導大陸訪客的觀點等。……我們以公平、平衡的態度做到這些事情，我相信，這也使政府內、外的其他刊物比較容易覺得他們可以跟進。[30]

新的做法是，*FCR*向新聞局長提出一張題目清單，可能是該刊意欲探索的焦點，但新聞局的長官或許會有自己的意見：「有時——但很罕見——我們會被告知報導某個主題或故事」，例如，一九九七年連副總統到梵諦岡的訪問即是，畢竟教廷是中華民國在歐洲唯一建有正式關係的邦交國。「但即使在這種極為罕見的情況下，對於我們如何報導該項

議題的方式，我們仍擁有最大的自由。」簡言之，記者們偶爾會被指示報導「什麼」，但不被指示「如何」報導。[31]

直到二〇〇〇年一月以前，*FCJ*和*FCR*的刊名都有「自由中國」的字眼，不但反映著中華民國走向彈性外交以前的心態，也再次向讀者提醒它們的政治宣傳價值，因為在一般人的心目中，這個詞彙和冷戰分不開，難以凸顯中華民國的外交新形象。事實上，在這兩份刊物更名之前，一位*FCR*的資深編輯也曾埋怨刊物的名稱「很刺眼。……誠然，『自由中國』就跟『赤色中國』的說法一樣過時，所以就這點而言，我承認雜誌的名稱有很強的政宣味道，但我們的上級在這個時候似乎並沒有想改變名稱的意思」。[32]

雖然經歷了整個一九九〇年代之後，刊物的名稱才終於更新，但刊物的報導風格卻提前跟上了國內外情勢變動的腳步，而仔細檢驗不同時期的*FCJ*與*FCR*，由冷戰到不穩定的和平，再到彈性外交階段，清楚呈現了此一變化。*FCJ*的前身為《自由中國周刊》，於一九六四年首次問世，但一直到一九八七年止，這份刊物的內容及風格都沒有很大的蛻變。一九六五年時，頭版新聞的標題大談「赤色」核武，或者蔣夫人向菲律賓記者保證「我們將會重返大陸」，乃至有關第二陣線將在大陸展開的計畫等。[33]

到了一九七五年時，細心的讀者可能會開始察覺本刊報

導風格的微妙轉變：除了社論欄和意見欄之外，冷戰的味道
稍有下降，同時中華民國對自身的信心加強了，因此對中華
人民共和國的批評也更加嚴厲：「北平政權的公民權非常
低」；「菲律賓發現北平的石油品質很差，已停止進口」。[34]
請看下面一段由一九八四年七月FCJ節錄出來的摘要，根據
刊頭的宣示，FCJ是要提倡「國家遺產與國際責任；民主與
現代政府；經濟發展與社會正義」，刊頭下方的頭版標題則
為「大陸劫機失敗，反赤化情緒升高」：

> 發生在六月二十二日，企圖攔劫一架由南昌飛往中國
> 東岸福州國內班機的行動宣告失敗⋯⋯
> 一位在美國教學的中國教授，六月二十五日在台北表
> 示，由大陸青年對共產制度的態度加以判斷，中國共
> 產政權將沒有明天⋯⋯
> 這位教授指出，長年經歷共產政策的反覆無常，以及
> 政治階層間不斷的權力鬥爭，大陸上的年輕人已逐漸
> 瞭解，中國共產黨只不過是一個恐怖組織，經由一波
> 又一波的鎮壓方法維持其統治地位。[35]

由台灣的角度觀之，因為劫機者意圖從中國飛往台灣，
所以此一事件具有加乘的政宣價值。

隨著冷戰終結，以及中華民國廣受宣揚的「彈性外交」

開始推動，政治宣傳家不得不重新評估他們的立場、重點和語言，即使在緊張情勢高漲的時候（如一九九六年大陸在台海的飛彈試射），觀察家預料刊物中將會充滿情緒性的政治宣傳字眼，但FCJ卻仍堅持避免冷戰時期經常引用的詞彙，例如，「赤色」、「匪徒」之流，而改用更理性的外交辭令來取代，如以「北京」或「大陸」稱之。不過正／反對照的風格依然存在，例如，在「戰爭遊戲報導之後，海峽緊張情勢升高」的標題下，便有一則「台灣努力賑濟，救援大陸震災」的新聞。此一訊息簡單明瞭──儘管北京干擾台北的國內政治，並以武力威脅，但中華民國還是投注了時間與資源幫助大陸：

> 有人（反對）救援，因爲北京使用強烈的言詞恫嚇，並以軍事武力威脅台灣安全，但中華民國行政院副院長徐立德，呼籲民眾將政治糾紛與人道關懷加以區分，他說中華民國反對的不是中國人民，而是共產主義與極權主義。[36]

　　恐怕沒有比上述更能顯示非正式外交如何與政治宣傳共同合作的事例了！在這個事件中，中華民國從事了實際行動的政治宣傳，也是最具效力的政治宣傳，強化了言詞及書面政治宣傳意欲向國外受眾推銷的形象：「一次又一次，中華

民國尋找機會回饋國際社會，在不同國家及領土的各個發展階段裡，扮演著貢獻者及好夥伴的角色。」[37]

所以自一九八七年之後，由頁數逐漸增加的*FCJ*簡單掃瞄，即可感覺出一種愈益自我肯定的取向，使得政治宣傳能夠運用對中華民國正面建設的報導，和中華人民共和國加以對比，從而避免談論島上威權體制的謬誤之處[38]，並將台灣呈現為對國際環境相當具有信心的政治實體。簡言之，*FCJ*和*FCR*雖然在刊名上的改變相當遲緩，但這些印刷媒介的內容與報導風格，卻提早克服了組織結構上的障礙，隨著外界因素的改變而回應、調整，成為了處於現代國際環境之下極富效率的政宣工具。

長達八張新聞紙的*FCJ*每周五在台北出版，在洛杉磯（Los Angeles）印刷，每期發行量為三萬五千份，傳送到全球一百五十個國家和地區，其中最大的發行地區是美國，每期達到一萬九千訂戶。*FCJ*的讀者群主要是已經──或至少表示──對中華民國有興趣的個人及團體，包括大眾媒體、政府機關、政治團體、研究機構、大學圖書館及企業界等。

和*FCJ*比較起來，*FCR*的新聞取向較弱，包裝精美的月刊型式，自然使這份刊物成為適合報導藝術、文化、烹飪、旅遊、節慶、環境、外交政策及民主化過程的園地，因此*FCR*也成為進行文化外交與政治宣傳的極佳實例。然而在冷

戰期間，情況並非如此，事實上，這個時期的*FCR*反而是一種強硬式的政宣工具，如一九五〇年代期間的*FCR*不僅很少使用照片，更經常刊登冗長的政治文章，信手拈來，一九五五年一月分的*FCR*便包含了下列論文：

「離島必須受到保衛」

「中美共同防禦條約」

「兩個中國的幻想」

「民主與蘇聯能夠並存嗎？」

「我們站在同一陣線」（本文描述中華人民共和國將為了服務蘇聯頭目而攻擊台灣）

「印尼反共英雄被逐出祖國的始末」

「我的香港難民生活經驗談」

上述內容不但反映了冷戰的環境，也顯示了中華民國在此時期對外政策的目標及利益。缺乏彈性的外交，完全不顧更富技巧的手法。

*FCR*的每月發行量約為三萬五千份，最大發行地區也是美國，不過該刊亦有德文版、法文版、俄文版及西班牙文版。跟*FCJ*一樣，*FCR*的對象是媒體、政府、國際企業人士、學者與圖書館等。

決定讀者群的本質至為重要，正如政治宣傳以個人關係

為基礎——此乃駐外代表所採取的工作風格——*FCJ*與*FCR*以具有權力地位的讀者為目標，企圖發揮更廣大的潛力影響國際輿論。這些刊物也是學術研究的重要資源，例如，英國出版的重量級學術期刊《中國季刊》（*China Quarterly*），在一九九六年推出探討當代台灣的專輯[39]，其中便包括了十七則對*FCJ*的引用，以及二十七則對*FCR*的參酌。[40]在處理政治與對外政策的文章中，*FCJ*最常受到引述；對於討論台灣文化認同、環境議題與經濟發展的作者而言，則*FCR*是非常受到歡迎的參考資料。

值得注意的是，此一情況顯示，除了新聞局的刊物之外，有關台灣新聞及訊息的權威性英文資料來源非常有限。上述刊物雖然儘量客觀呈現有關中華民國的事實，也對政府採取批評的立場，例如，其中最常受到討論的是政治貪污的問題，但整體而言，*FCJ*與*FCR*對台灣的負面報導畢竟有限。這些刊物的焦點多放在島上生活正面性的議題，提倡正面的形象，因此讀者所獲得的也便只有官方或半官方的訊息版本，從而對台灣只能達到片面的認識。然而如果這些印刷媒體是新聞局的分支，它們的任務是提倡中華民國，它們的存在是為了達到本書所討論的外交目標，那麼政府對提倡正面形象的影響（而非控制），自然不僅無可厚非，更可謂有其必要！畢竟國際關係、外交與對外政策的領域往往極為複

雜，無法賦予媒體組織所渴望的全然獨立與終極自由，因此
對國際媒體做出適當的掌握，也便有合理的依據。國際媒體
與國內傳媒是迥異的產品，擁有非常不同的動機；國內媒體
有自身必須考量的目的——瓜分市場、爲股東創造利潤，或
爲特定的政治利益提供舞台等——但國際媒體無論有意或無
意，其與國際關係（international relations）複雜無比的糾葛
卻是不能否認的事實。

電子媒體

　　由於電子媒體科技的快速進展，各國政府已不再受限於
外交對話的傳統管道，廣播——透過收音機（與電視）——已
成爲國際關係傳統做法必要且有效的輔助工具，從而使外交
受益。在科技允許的情況下，廣播使國家元首獲得向全體民
眾演說的機會，減低外交的菁英取向，但因它能在需要時引
進輿論的介入，所以電子媒介也成爲決策者必須加以考慮的
額外壓力源。此一公眾層面使「政治宣傳」迥異於「媒體外
交」，因爲後者是以能夠公開接近、使用的管道加以進行，
但其訊息並非由記者中介，且主要是以決策者爲傳遞的對
象，亦即在最後階段有實權加以回應（與否）的人士。大眾

意見固然具有強大的威力，但主政者可以——而且經常——
選擇忽視。

現在全球已有超過一百個政府向海外廣播，包括許多開
發中國家，但他們都相信有必要投注充分的資源，發展自己
的國際政宣與大眾外交能力，難怪詹姆士‧奈森（James O.
H. Nason）形容「收音機的發明，與其隨後在國內與國際廣
播的使用」，是「……政治宣傳史上最輝煌的發展」。[41]雖然
上一節曾討論過不同媒體間的利弊，但無可諱言，收音機確
有優於印刷媒體之處：距離不再是問題，短波（short-wave）
與中波（medium-wave）廣播都能突破地理及政治上的藩
籬，雖然政府可以企圖禁止流到境內的廣播，但此一行動不
僅困難、昂貴，也經常產生刺激聽眾試嚐禁果的反作用。[42]
更重要的是，收音機（與電視）具有即時性，能對事件與環
境的變遷做出及時的反應，且其來源（包括信號傳遞）能在
極短的時間內輕易受到轉導，因此電子媒介成為寶貴的策略
性政宣工具，符合短程的外交目的。[43]若要達到遠程的效
果，廣播人則須長期建立聽眾和信譽，倘使他們因短程的危
機而隨時改變政策，或經常在短時間內調整訊號、引進新的
語言服務，效果便將大打折扣，正如前英國廣播協會執行長
傑可伯（Sir Ian Jacob）的觀察：「廣播並非像水龍頭一樣可
以隨時開關的東西」，必須以長程的目標來操作，「在高度

競爭的領域中吸引並維繫聽眾」。[44]

　　到目前爲止，中華民國對不同的電子傳播型式並未做過太多嘗試，收音機仍是主要的國際電子媒體，不過近來對網際網路優勢的研究則有提高的趨勢。網際網路曾被用來動員國際輿論，支持中華民國加入世界健康組織，中華民國國民都曾被鼓勵傳送電子郵件到英國、美國、加拿大及法國的民意代表，向他們「解釋爲什麼中華民國值得擁有會員資格」。[45]難怪北京擔心網際網路將會干擾他們對台灣議題的官方立場，特於一九九八年初制訂新法規，管理網際網路的使用，並指稱此一科技已對安全造成嚴重威脅，有被用來製造國家分裂、提倡台獨主張的危險，於是全中國六十二萬網際網路的用戶，都必須向公安單位登記，反而爲台灣的公共關係製造了可以利用的契機。

　　海外電視是尚未受到開發的媒介，可說頗爲令人訝異，因爲台灣的有線及衛星電視已經相當繁榮。自一九九五年以來，新聞局一直有和私人企業合作，在台灣發展亞洲太平洋媒體中心的計畫，就這點而言，新聞局的眼光放在科技發展，尤其對深入大陸市場寄予厚望。[46]第一顆由中華電信及新加坡電信共同合作開發，於一九九八年八月在南美升空的商業衛星ST-1，足跡遍及中國、印度、印尼、日本、馬來西亞、菲律賓、新加坡和斯里蘭卡（Sri Lanka），雖然至今仍無

足夠的資料供我們評估其影響，但在地區性媒體與資訊秩序中，相信此一衛星將賦予台灣在其中扮演一角的潛力。[47]在ST-1升空之前，台灣只是衛星和有線電視節目的接收者，來自日本、美國、英國（透過香港）的廣播訊號每日在台灣上空亂飛。這些節目都配有國語字幕。

　　台灣的努力多在錄影帶的節目外銷，對象以歐洲及北美的華人社區為主，並已發展出向國外電視台提供新聞的方法。自一九九一年五月起，新聞局開始在海外衛星廣播投注資金，一九九三年，新聞局投下新台幣四千萬元的預算，以北美地區的華僑為目標，向衛星業者傳送新聞報導。新聞局並沒有足夠的資源，可以發展出規模有如BBC全球服務網或CNN的衛星服務，即使它願意投資，恐怕也難以和這些強大的對手互相競爭，而且基於政治因素，中華民國恐怕也無法和北京的中央電視系統抗衡，因此對於ST-1的升空，我們不宜做出不切實際的期待。台灣的傳訊電視可以說是最接近上述機構的國際廣播之一，雖然方剛成立時是以香港資本為主，但主要的製作中心卻一直在台灣，因此能由台灣的角度「扭轉」重要新聞，同時後來也已轉移成為台灣資本。一九九四年時，它是全世界第一個全天候的華語電視台，一九九七年二月時，也是第一個搶先報導鄧小平死訊的電視頻道。不過因為傳訊電視的主要對象是海外華僑社區，但許多華僑

卻聽不懂國語，因此傳訊電視選擇以國語發音，自然限制了其影響力[48]，從而減弱它宣稱做為「華語CNN」，以及「全球中國人之資訊高速公路」的信譽。[49]然而值得注意的是，傳訊電視的傳播方式，與中華民國的彈性外交具有一致性：「我們稱中華民國為台灣，稱中華人民共和國為中國大陸。凡是我們的工作人員都須將國族認同包含在國際公民的身分之下。」[50]

　　令人惋惜的是，無論新聞局或對「新」媒體學有專精的台灣學者，至今都未能對台灣的國際廣播及網際網路的使用，提供更充分的訊息。[51]不過我們也應該理解，中華民國的傳播能力受到國際處境很大的束縛，不願意觸犯中共的國家，通常也會避免和中華民國安排技術轉移，尤其當這類技術可以做為軍事用途時（而衛星正是屬於這一類）；其次，中華民國被摒於多數國際組織之外，包括許多和傳播議題相關的組織及聯合國機構，其中包括國際電信聯合會（International Telecommunications Union），自然限制了他的國際廣播活動[52]；再者，中華民國到一九九三年才通過有關有線和衛星電視的法規，因此必要的技術發展和法律架構起步甚晚，亦成一大阻礙。稍早提過台灣有意成立亞太媒體中心，探索新的傳播科技與媒體市場，但至今仍處於樂觀其成的階段，很難看出真正的效果和影響。該計畫的目標為：

「將中華民國的媒體工業全球化，將台灣發展爲製作華語電影和電視節目的區域中心。」[53]因此即使計畫實現了，該中心所能達到的成就，可能也將侷限於其狹隘的目標，只能是向中國大陸及東南亞提供華語節目的工具，而非能夠全面發揮政宣效果的國際廣播中心。

中華民國的國際廣播主要以收音機的海外播音爲主，不但自一九四九年遷台之前，收音機便被國民黨視爲散布政治宣傳的重要工具，而且隨著國際政情的變化，海外收音機廣播也和印刷媒體一樣，做出了各種回應及蛻變。

中國的第一個收音機電台於一九二八年八月一日在南京成立，名爲中央廣播電台，當日軍於一九三二年入侵上海時，這個電台開始成爲國際廣播電台，利用低功率的傳輸器播音，其使命爲「號召國際支持，讓海外華僑及國外人士知道，中華民國已做好準備反抗日本侵略」。[54]事實上，海外華僑至今仍是本電台的主要聽衆，向「國際」人士提供新聞只是它的次要目標。[55]

基於反日政宣的號召力，中央廣播電台很快就建立了信譽，許多東南亞地區的華僑表示，希望中華民國能提供更多的節目，因此一九三二年二月，國民黨在中央廣播電台的行政組織下，成立了一個固定的短波服務[56]，以全亞洲當時最強的傳輸器（編號XGOA），提供各種不同的節目類型，包括

新聞、氣象、娛樂及評論，每天以國語、粵語、廈門語及英語廣播十小時，廣播範圍不僅囊括了東南亞地區，連遠在舊金山和紐西蘭的聽眾也紛紛調整頻率，收聽來自南京的播音。

隨著抗日戰爭全面展開，中央廣播電台於一九三七年遷往臨時首都重慶，而也便是在重慶，中國之聲（Voice of China）於一九三九年利用英國馬柯尼傳輸器開始播音，快速發展成爲中國與外界最重要的傳播管道。在戰爭的種種限制之下，中國之聲的成就令人刮目相看：它每天以十二種語言廣播十一個小時，對象遍及北美、歐洲、東俄羅斯與東南亞，而且在開始播音之後短短幾個月內，便不斷擴大服務範疇。雖然日本的轟炸不斷，但中國之聲的傳輸器卻僥倖逃過一劫，同時爲了爭取國外的支持，全球各地派駐重慶的許多戰爭特派員，也開始爲中國之聲的外語節目部工作，其中甚至包括兩名反帝國主義的日本記者，以及數位日本戰俘，負責協助準備並傳輸廣播信號。

中國之聲是外界尋求瞭解中國內部情況的資訊來源，節目受到歐洲及北美的密切監聽，它所提供的新聞，包括蔣夫人聳動的英語演講，都經常在全球各地的報紙上刊載，同時它是全世界少數幾個追蹤並報導一九四五年八月日本投降的收音機電台，更提高了中國之聲的重要地位。於是收音機廣

播成為外交過程重要的一環，是各國政府由全面性來源蒐集資料、加以分析，並賴以做出決策的一部分，因為「資訊乃是外交的命脈」。[57]

中國之聲與中央廣播電台於一九四六年遷回南京，中央廣播電台隨後被重組為中國廣播公司，並於一九四九年遷台時，再次負起政治宣傳的任務。一九四九年六月，中廣完成二十千瓦短波機的裝設，以自由中國之聲的名義開始對海外播音，語言類別包括國語、英語、日語、韓語、阿拉伯語、俄語及法語等；同年七月十七日，自由中國之聲也以國語、英語和廈門、潮州、客家、廣東、上海等方言，對中國大陸進行每晚四小時的播音。韓戰期間，自由中國之聲坦承為了「心理作戰的目的」而從事政治宣傳[58]，節目內容包括「自由世界」、「甜蜜家園」等。

為了加強政治宣傳的效能，中國廣播公司於一九五四年五月設立了大陸服務部，到了一九七〇年時，其所擁有的傳輸器總數已達十六個（五個短波，十一個中波），包括全天候對中國大陸各角落所提供的國語播音。中廣指出：

> 許多在一九六〇年代期間投誠到台灣或鄰國的大陸飛行員、人民解放軍、音樂家和反共人士等，都承認他們經常收聽自由中國之聲的大陸節目服務，雖然此一

服務受到嚴重干擾，而且可能爲他們或家人帶來嚴屬的懲罰，例如，送往勞改或甚至死刑等。[59]

冷戰期間，逃出東歐鐵幕的投誠者及難民，在與自由歐洲廣播電台（Radio Free Europe）、美國之音（Voice of America）或BBC的代表交談時，或多或少也都做過相同的表示。他們經常說出訪問者想聽的話，所以要確定他們的逃離是否眞是對廣播節目的回應，委實非常困難。[60]在中國進行聽衆的抽樣與調查，以便確認聽衆的數量，當然是不可能的事，不過和外交官、遊客、難民的非正式交談，則多少能夠提供一些收聽範圍的指標。由這些訪談資料，以及逃脫檢查管道而寄達的信件看來，廣播節目對大陸民衆確似有正面影響。

一九六五年七月起，中廣開始接受新聞局的委託，辦理海外廣播業務，以十三種不同的語言（國語、英語、日語、韓語、阿拉伯語、法語、藏語、粵語、廈門語、馬來語、越南語、客家語及潮州語），每日播音十二小時，但若將不同的頻率及地區全部相加，則每日同時播放的節目共達八十八個小時。這項業務開始進行六個月之後，已收到來自全球九千四百五十一封信件，可見所吸引的聽衆人數相當可觀。

然而預算的壓力[61]，以及國際情勢和對外政策利益的瞬

息萬變，都迫使自由中國之聲必須取消某些語言服務，改採其他服務，於是藏語、馬來語、韓語及潮州語都遭受淘汰，雖然這個決定是否明智，可以說是見仁見智：強調西藏的地位，在國際間應具有高度的政宣價值；馬來西亞的華裔人口及華僑數目眾多；直到一九九二年之前，南韓則一直是中華民國的重要友邦。自由中國之聲新添的語言類別包括西班牙語、泰語、德語和印尼語，而從對語言的選擇中，其實也提供了中華民國對外政策優先順位的調整，以及彈性外交轉向的蛛絲馬跡。到一九九〇年代期間，自由中國之聲的播音已達每日十八小時，但若將所有頻率和地區計算進來，則每日總播音時數為一百零一小時，一九九六年間所收到的聽眾投書，共有十二萬封信函、電子郵件與傳真等（表4-2對中華民國與其他國家的海外廣播提供了比較）。

自由中國之聲的人員，在一九九三年與作者的訪問時指出，雖然他們是為黨營事業而服務，而且每天都會收到政府對重要議題的立場，但他們仍享有相當的編輯自由，並不收到應該報導什麼或如何報導的指示。新聞故事的選擇及編排，是按其新聞價值而來，但如果這些故事能夠增添中華民國反共的功效，毋寧是額外的利益！任何「事實」類報導所反映的反共偏見，都是非刻意製造的結果，但新聞及流行音樂節目則是對中國大陸及其他地區同步播音。[62]

亞洲之聲（Voice of Asia）於一九七九年一月成立，目標鎖定區域性的聽眾，利用兩個中波頻率以七種語言播音——國語、英語、泰語、印尼語、粵語、客家語和廈門語。不過由於亞洲之聲自稱「為亞洲人服務的亞洲人電台」，因此上述語言的選擇，毋寧是相當奇異的組合。和自由中國之聲一樣，亞洲之聲也是向中廣海外部負責，節目內容包括文化、旅遊、娛樂、台灣生活等，十八年間共收到了四十二萬封聽眾來函。該電台希望透過其服務，「導致亞洲人士與國家間的瞭解，並促進在台外籍勞工與家鄉親友間的溝通」。[63]這種「較輕鬆」的取向，是吸引聽眾接受新聞、資訊、政治宣傳的誘餌，不過亞洲之聲對「區域」的定義畢竟相當狹隘，中

表 4-2　抽樣國家海外廣播一九九二年每周廣播時數比較[64]

	每周廣播時數	語言數
美國	2316	51
中華人民共和國	1668	43
俄羅斯	1317	46
中華民國	1281	16
英國	817	37
北韓	702	10
南韓	617	12
印度	541	24
日本	336	22
澳大利亞	326	8
奈及利亞	120	5

國大陸仍是主要目標。它的非政治性節目在大陸上極受歡迎，由聽眾來函的數量即可見一斑。

「自由中國之聲」與「亞洲之聲」的業務，自一九九八年起，已經由中廣轉移至「財團法人中央廣播電台」執行，但中廣仍以國際廣播人自許，除了透過全球資訊網路，以語音下載（Real Audio）的方式，將新聞網、音樂網及流行網的節目同步向全球播送外，也透過衛星傳輸的技術，將新聞網、流行網與寶島網的節目傳送到北美地區八大城市、十多家華人電台播出。[65]

中央廣播電台（Central Broadcasting System）繼續負責以大陸民眾為對象的節目服務，由國防部管轄，因此其政宣結構及所採用的政宣手法也就不難想見，畢竟軍方從事心理作戰最是積極，並經常受到美國中情局的協助，正如一九七八年《中華民國英文年鑑》坦承的：

> 向大陸廣播「反專制、反暴政、為人權與自由而奮鬥、要求土地與生存」等政治呼籲，啟發中國共產黨幹部及幹員的覺醒，促使他們投誠。透過廣播、空飄、海飄，以及敵人前線的擴音器，呼籲大陸同胞起來反抗共產主義。[66]

蔣介石也經常表示，要利用心理作戰「使大陸上的領導人膽

戰心驚」。[67]

　　冷戰平息之後，彈性外交取代了全面作戰的計畫，中央廣播電台也因而採取較軟性的策略，開始播報新聞、文化、娛樂節目，以國語及數種地區性方言，利用二十四個頻率全天候播音。其節目表所反映的是國家統一綱領的政治目標，企圖聯合海峽兩岸的所有中國人，共同向自由、民主、平等與統一邁進，期能建立彼此的瞭解。在「民主之路」及「中國人權」等節目中，該電台鼓勵中華人民共和國的民主運動，在「今日台灣」裡，則將寶島描述爲自由與繁榮的展示櫥窗。[68]這些節目和冷戰期間沉重的政宣主題形成鮮明的對比，特別是文化大革命時期所製作的節目──那個時候的中央廣播電台，曾向美國中情局籌辦的自由歐洲電台及自由電台（Radio Liberty）多方借鏡。[69]

　　大陸聽眾對這些廣播的反應據報「極其熱烈」，但該電台也估計，因爲北京對所有寫給「中央廣播電台」的信件檢查格外嚴厲，因此每十封信裡，可能只有一封能夠眞的由該電台接收。爲了逃避檢查，該電台鼓勵聽眾寫信寄到日本、泰國、菲律賓的郵政信箱，同時也建議將一封信拆成幾個不同的段落分別投遞，並建議聽眾以代號而非眞名簽署。以下是中央廣播電台所收到的幾則聽眾來函，但問題是我們無法辨別信件的眞僞。倘使是眞的，那麼中央廣播電台確可宣稱

已經達到其目標：

> 自從台灣舉行了總統直選，我們變得越來越嚮往台
> 灣，因為每個人都希望享受自由、民主、富裕、進步
> 的生活。
>
> 我最近由你們的廣播中聽到李總統的演講。他說他希
> 望兩岸很快將能在三民主義民主、自由、富裕、繁榮
> 的制度下統一。這也是我們的希望。[70]

這些信件都在特別節目中播報出來，意圖加強對擴大兩
岸溝通的承諾。電台以參加抽獎、贈品、提供尋人服務等方
法鼓勵聽眾來信。但為了不想替該電台免費製造更大的宣
傳，北京方面拒絕對這些廣播做出任何評論。

一九九六年，中央廣播電台改組成財團法人中央廣播電
台，以便「繼續負起國民黨五十年來長期對抗中國共產黨所
擴大之意識型態戰爭的使命」，並於一九九八年接收「自由
中國之聲」及「亞洲之聲」的業務。[71]「自由中國之聲」現
已改名為「台北國際電台」（Radio Taipei International），於
一九九八年一月正式播音，而此一舉動和稍早提及印刷媒體
的刊名變更，具有同樣的正面意義，只是不容否認的，新的
台北國際電台依然受到較原始之政治宣傳考量的影響，因此
名稱上的改變，「只是對抗北京國際電台（Radio Beijing

International）的簡單概念」而已。[72]這樣的思維限制了求變的眼光，因此它對聽眾的保證也仍充滿冷戰的氣息，表示將提供「最佳的中國文化、娛樂，以及客觀的新聞與資訊，反映中華民國在台灣自由和民主社會的價值」（強調處為作者自加）。[73]當節目的訴求對象僅以意識型態上的敵人為目標時，電台的可信度自將大打折扣，阻礙發揮更大的潛力。

台北國際電台同時也面臨著預算的壓力，因為缺乏資源，必須取消某些語言服務。值得考量的是，國際廣播活動是中華民國與外界的重要聯繫管道，具有提倡彈性外交的功能，選擇服務語言的優先順位並非易事，因為放棄某一種語言，意味著犧牲某一群固定的聽眾，但相對的可能也希望在其他方面吸引新的聽眾加以彌補。企圖在聽眾的利益及政府的利益之間尋找平衡點，是國際廣播機構經常必須做出的冒險。

在危機爆發時，收音機廣播最能顯出重要性，因為它能對情況做出即時評估，提供全球輿論易於消化的訊息，並為當前的外交氣氛提供指標。全世界至少有十三個國家，包括英國和美國在內，都發展出了監聽國外廣播的系統，因為就最簡單的層面而言，這些監聽到的國外報導能夠做為外交所需的額外資訊來源，允許領導階層以最新的背景資料，做為決策的依據。必須注意的是，這些資料是由開放來源所獲得

的開放訊息，因此有賴透過較隱密管道所蒐集的情報資料綜合評估。[74] 這些訊息的外交價值，在於它們是有意讓全球收聽或監聽而做的廣播，畢竟國際廣播人都很瞭解，他們的播音內容常會被傳到相關決策者的耳中，尤其是在危機階段。為了達到這個目的，一個普遍的做法，便是不直接對真正的受衆，而對次要的對象廣播，例如，當北京的對象是美國聽衆時，他不向美國直接廣播，而以英語向台灣播音，但明知這些訊息會被美國所接收。這種媒體外交的活動在一九五八年的金馬危機期間最是活躍。[75]

中華民國在一九九六年總統大選及飛彈威脅期間所做的海外廣播，提供了政府情緒狀態的有用指標，其中許多廣播都是以標準國語，由中央廣播電台向大陸聽衆傳送，呈現數個重疊的主題：台灣人民對威脅不屈不撓；選舉將如期進行；一般生活依舊如常（但「異常流出台灣的資金則被禁止」）[76]。同時廣播訊息也強調，在有必要時，中華民國已做好自我防衛的準備：「馬祖已有反侵略的充分準備，……如果中共真的進犯馬祖，他們將損失比我方多出百倍的兵力。」[77] 許多廣播意在展現中華民國的軍事實力：「中華民國艦隊足以掌握台灣海峽的空中優勢……。」[78] 包括各種海軍直昇機艦隊、來自法國的戰鬥機，以及一百六十輛美製坦克車等細節。[79] 於是一時之間，中華民國的軍事力量成爲對

大陸國語廣播最重要的題材，但只有少數報導曾模糊揭露稱
得上敏感的軍事訊息，泰半都只表現出對中華民國的戰鬥準
備充滿信心，並且發出警戒：「目前多數的軍隊都待在基
地，少數離隊的軍人隨時都將應召歸隊。如果中國共產黨所
發射的任一顆飛彈脫軌，我們便將採取反擊措施。」[80]另外
也有一些報導採取較具攻擊性的基調，例如，中央廣播電台
便曾報導一位將領指出：「沒有人應該挑起戰爭，然而如果
敵人挑釁並攻擊我們，我們全體軍民便應集中火力，毫無遲
疑與敵人周旋到底。」[81]

這些廣播顯示了中華民國對來自全世界（主要指美國）
的持續支援表示感激，從而強化了外交的效力，例如，向
「斯堪地那維亞（Scandinavia）的友人簽署『哥本哈根宣言』
（Copenhagen Declaration），以及他們對中華民國申請重返聯
合國的支持」表達謝意等。[82]此外，這些廣播也讓聽眾瞭
解，中華民國對彈性外交的承諾不會受到影響[83]，它們將挑
起敵對情勢的責任推向北京，並向聽眾保證，中華民國將以
積極的外交行動，創造兩岸之間的友善關係，中華民國「絕
不會以任何行動刻意激怒北京」。[84]至於對大陸的廣播中，陸
委會則提出警告，表示「中共政權必須對（飛彈試射）所帶
來的一切後果負全責」，因為他們「不僅刺激了台灣地區民
眾的強烈反彈，更嚴重破壞了海峽兩岸的關係，使國家統一

愈形困難」[85]，而海基會也透過信件、傳眞及廣播，向中華
人民共和國表達「嚴正抗議」，指出北京必須爲後果負責。[86]

這些所謂的「後果」，可能不是政治而是經濟後果，而
這也正是中華人民共和國最在意的地方：

> 最近的一份調查顯示，超過百分之八十在中國大陸的
> 台灣投資人坦承，當來自北京的軍事威脅升高時，他
> 們會暫緩或停止對海峽對岸新的投資計畫。……他們
> 說他們沒有其他選擇，只能將投資計畫轉向其他國
> 家。……經濟部在今年頭兩個月中，核准了二十四件
> 對大陸的投資計畫，但已有十六位投資人申請撤銷或
> 延後投資，做爲對北京飛彈試射及軍事演習的回應。[87]

無論報導中所反映出來的整體台商情緒是眞是假，雖然
在危機期間與危機結束之後，都有台商不斷要求相關部會開
放與大陸直接通商的消息，似乎與上述報導的反北京情緒有
所牴觸[88]，但當我們考量台商在大陸投資金額之高時——兩岸
每年貿易總值估計達二百億美元，台灣在中國的投資則高達
二百五十億美元[89]——北京顯然不能對負面影響掉以輕心。

海外廣播也感受到「防止性外交」（preventive diplomacy）
的重要性，呼籲國際社會向北京的飛彈試射施壓，但也一再
向全球散發保證的訊息，表示中華民國需要的，只是道義及

物質上的支援，因爲中華民國將會保衛自己，其他國家並不會被捲入與北京的戰事之中。[90]

值得再次強調的是，這些廣播從不是正式外交的替代品，許多報導也都只是有關透過傳統外交管道斡旋的進展，例如，一九九六年一月十二日，報導指出外交部力促美國「嚴格遵守台灣關係法案」的消息，另有報導對法國決定出售巡防艦給台灣的消息大表欣慰[91]，此外多數中央廣播電台對大陸的國語播音，也都報導了陸委會及海基會向北京轉達的外交信函。這些廣播當然都受到了全球的監聽及報導，使各國決策者對台灣情勢與政府心態獲得進一步的掌握，但它們畢竟只是有關外交官及國家領導階層所推動之外交發展的報導，無論如何，收音機廣播都無法進行單方面的外交。只是在海峽危機期間，從BBC對世界廣播的無數摘要裡，我們倒也找到了一個例外：當危機加深時，中央廣播電台訪問了陸委會主委張京育，他的評論被直接播放到大陸，表示「如果中國共產黨結束敵對狀態，我方將會做出善意回應。……對話應在良好的氣氛而非壓力之下進行。……如果氣氛對了，雙方立刻便可展開談判，（海基會與海協會）也能很快恢復對話。」[92]我們只能說，此一明顯的單方面媒體外交運作，是一種極爲罕見的事例，絕非常態。

註釋

1. 'An Asia-Pacific Media Center for the Age of Transnational Broadcasting', GIO, ＜www.gio.gov.tw/info/asia-pacific/media_e.html ＞。

2. *China Post* (Taipei), 19 February 1997, p. 1; and 21 February 1997, p. 2.

3. Chia-hung Su and Peter Kien-hong Yu, 'Drafting the Basic Provisions for a Bicoastal Chinese Peace Agreement: a Taiwan Perspective', Paper presented to the 40th Annual Conference of the American Association of Chinese Studies, 31 October 1998.

4. Summaries of World Broadcasts (SWB), FE/2533 F/2, 12 February 1996. 除非另外註明,否則本書所使用之SWB皆爲一九九六年一月至四月間的報導摘要。

5. 'Lee looks to cross-Straits peace', *FCJ*, 12 April 1996.

6. 'Peking's call for dialogue welcome; Lee's steadfast against preconditions', *FCJ*, 24 October 1997.

7. 'ROC sees a good sign in Peking's statement', *FCJ*, 28 June 1996.

8. Jung Fu-tien, quoted in 'The fall from grace of Taiwan's media', *Sinorama*, 22 (8), August 1997: 21.

9. 'No preconditions on Strait talks', *FCJ*, 26 September 1996; 'Taipei waits for reply on resumption of talks', *FCJ*, 23 January 1998.

10. 'CCP makes friendly gesture to KMT', *FCJ*, 29 August 1997.

11. Berridge (1995), p. 40.

12. 'Hard-Pressed: Taiwan's Newspapers Battle for Readers', *Sinorama*, 22 (8), 1997: 21.

13. 'The Diplomatic Search for a Bright Future', *Sinorama*, 22 (8), 1997: 51.

14. *FCJ*, 2 May 1997.

15. Marvin Kalb and Bernard Kalb, *Kissinger* (Boston: Little, Brown, 1974), p. 229.

16. David D. Pearce, *Wary Partners: Diplomats and the Media* (Washington: Institute for the Study of Diplomacy/Congressional Quarterly Inc., 1995).

17. Eric Clark, *Corps Diplomatique* (London: Allen Lane, 1973), p. 264.

18. Keith Hamilton and Richard Langhorne, *The Practice of Diplomacy: Its Evolution, Theory and Administration* (London: Routledge, 1995), p. 132.

19. Graham H. Stuart, *American Diplomatic and Consular Practice*, 2nd edn. (New York: Appleton-Century-Crofts, 1952), p. 167.

20. David Newsome, *Diplomacy and the American Democracy* (Bloomington: Indiana University Press, 1988), pp. 218-9.

21. *FRUS,* 1958-60, XIX China, pp. 329-34.

22. Harold Nicolson, *Diplomacy* (London: Butterworth, 1939), p. 97.

23. 讀者若有意對廣播及窄播方面的議題做更進一步的瞭解與探討，歡迎查閱譯者所著之《媒體世界》（台北：幼獅，2001）及譯著《媒體與政治》（台北：木棉，2001）。

24. Donald R. Browne, *International Radio Broadcasting: the Limits of the Limitless Medium* (New York: Praeger, 1982).

25. 與*FCJ*及*FCR*工作人員訪談及通信，1997-1998。

26. 與盛逸琴小姐通信，25 March 1997。

27. 與魏理庭先生通信，11 June 1997。

28. 與盛逸琴小姐通信，25 March 1997。

29. ＜www.sinanet.com/sinorama/＞。

30. 與魏理庭先生通信，26 January 1998。

31. 與魏理庭先生通信，11 June 1997。

32. 同上。

33. *Free China Weekly (FCW)*, 3 January 1965.

34. *FCW*, 5 January 1975.

35. *FCJ*, 1 July 1984.

36. *FCJ*, 9 February 1996.

37. *The Republic of China Yearbook*, 1996; Morgenthau (1978), pp. 337-8.

38. 'Taiwan-Mainland Systems Growing Further Apart, Says Post Writer',

FCJ, 4 January 1988.

39. *China Quarterly*, Issue 148, December 1996.

40. 不過根據電子期刊引用查詢系統BIDS的蒐尋，從一九八二年至一九九七年間對*FCJ*及*FCR*的引用只有一百五十三則。這個保守數字令人生疑。

41. James O. H. Nason, 'International Broadcasting as an Instrument of Foreign Policy', *Millennium*: *Journal of International Studies*, 6 (2), 128-45 (129).

42. Gary Rawnsley (1996).

43. Gilboa (1998), p. 62.

44. Asa Briggs, *Sound and Vision* (Oxford: Oxford University Press, 1979), p. 521; Gary Rawnsley (1996), pp. 170-1.

45. 'Internet users asked to help WHO bid', *FCJ*, 8 May 1998.

46. ＜www.gio.gov.tw/info/asia-pacific/＞。

47. *China News* (Taipei), 4 August 1998; 'ROC's first commercial satellite launched into orbit', *FCJ*, 4 September 1998.

48. 雖然傳訊電視的黃金時段新聞節目在日本並未提供雙語服務，但其對一九九七香港主權移交長達三十六小時的馬拉松式報導，估計在全球吸引了三億觀眾，其中包括對日本所做的日語廣播。

49. *FCR*, 46 (2), February 1996: 2; Joseph Man Chan, 'Television in Greater China', in John Sinclair, Elizabeth Jacka and Stuart

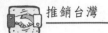

推銷台灣

Cunningham (eds), *New Patterns in Global Television* (Oxford: Oxford University Press, 1996), p. 151.

50. *FCR*, 46 (2), February 1996: 2.

51. 感謝政大新聞系馮建三教授提供的所有協助。

52. Sheila Chin, 'Broadcasting and new media policies in Taiwan', in Annabelle Sreberny-Mohammadi, et al. (eds), *Media in Global Context* (London: Arnold, 1997), p. 89.

53. ＜www.taipei.org/info/yb97/html/ch1609t.htm＞。

54. Voice of Free China 英文簡章（新聞局）。

55. 訪問自由中國之聲，April 1993。

56. 短波傳輸便宜且能涵蓋較大地區，但接收上比較困難；中波傳輸的接收效果較佳，但涵蓋範圍較窄。

57. Newsome (1988), p. 65.

58. 與董育群先生通信，20 October 1997。

59. 同上。

60. Gary Rawnsley (1996).

61. 訪問自由中國之聲，April 1993。

62. 同上；Willem van Kemenade, *China, Hong Kong, Taiwan, Inc.* (London: Little, Brown, 1997), pp. 153-7.

63. Voice of Free China英文簡章（新聞局）。

64. 取材自＇Cross Frontier Broadcasting＇, *The Economist*, 2 May

1992, p. 22.

65. 請參見中廣全球資訊網：＜http://www.bcc.com.tw＞。

66. *China Yearbook 1978*, p.159.

67. Cline (1989), p. 51.

68. 與中央廣播電台通信，19 November 1997。

69. 一九九六年，美國以自由歐洲／自由電台（Radio Free Europe/ Liberty）為基礎，成立了自由亞洲電台（Radio Free Asia）。

70. 與中央廣播電台通信，19 November 1997。

71. *The China News* (Taipei), 1 February 1998.

72. Voice of Asia英文簡章（新聞局）。

73. 同上。

74. Gary Rawnsley in Melissen (1998).

75. *FRUS* 1958-60, XIX China, pp. 329-33.

76. SWB, FE/2527 F/1, (2).

77. SWB, FE/2548 F/4 (5).

78. SWB, FE/2528 F/2.

79. SWB, FE/2506 F/5.

80. SWB, FE/2556 F/3 (8); FE/2558 F/2 (4).

81. SWB, FE/2563 F/4 (13).

82. SWB, FE/2509 F/3; SWB, FE/2562 F/5.

83. SWB, FE/2560 F/3.

84. SWB, FE/2505 F/2 (3); FE/2523 F/6.

85. SWB, FE/2556 F/5 (14).

86. SWB, FE/2556 F/6 (15).

87. SWB, FE/2565 F/3 (6).

88. *The Economist*, 4 May 1996, p. 70.

89. 同上。

90. SWB, FE/2555 F/2.

91. SWB, FE/2508 F/1 (2); FE/2506 F/5 (11).

92. SWB, FE/2558 F/3 (7).

結論

■ Taipei

Taiwan

本章摘要

＊ *政治宣傳只是一種推銷的行為，不具備道德上的判斷。*

＊ *中華民國所從事的政治宣傳經常極富創新的風格、實質的內涵與傳遞的方法，但基於對「政治宣傳」的誤解，無論外交官或新聞局，都一再否認他們進行任何政治宣傳，加深了一般大眾對政治宣傳的偏見，從而造成大眾對所有型式的政治宣傳一律「關機」，包括他們本身所發出的政治宣傳訊息在內，反而使工作績效打了折扣。*

＊ *組構一個適用、有效率的政治宣傳組織非常重要，它必須和其他政府機構有清楚的分工，但絕不能在與其他部門隔離的狀態下工作，尤其是負責對外事務的部門。中華民國的政治宣傳結構有其成功之處，政治宣傳家也在高度困難的國際環境中，達到了令人驚艷的成就，但若要精益求精，則必須體認到政宣組織分工過於混淆的根本問題，太多政府機構的責任彼此重疊，而且就用來達到國際受眾的各種媒體而言，其管理架構也是令人眼花撩亂。若能有更簡明、確實的規劃，政治宣傳的威力應會更大。*

＊ *外交官和新聞局駐外官員都有接受媒體訓練的必要，以便*

爛熟如何與國際媒體互動的技巧。

* 當談到以政治宣傳加強非官方外交的議題時，中華民國外
  交官及新聞局駐外代表往往很快就接受了失敗主義的論
  調，指出因為缺乏邦交，他們只有很少數的替代方案，以
  及很小的彈性及行動空間。要如何扭轉此一工作心態，應
  是當務之急。

* 唯有當地主國的利益恰好和政治宣傳國的利益方向一致
  時，政治宣傳及公共關係才能一舉奏效；如果政治宣傳和
  地主國的政治利益背道而馳，此一努力是註定要失敗的。
  因此政治宣傳家在必要時，要有能力在不盡相似的利益目
  標之間，指認彼此的重疊之處，然後突顯此一共同點。

* 我們不應過於誇大政治宣傳立即性的力量，同時我們必須
  瞭解，政治宣傳的目標越小、越明確，成功的機率越大。

* 中華民國政治宣傳所面臨的一個根本問題，是他企圖在太
  多重的時間層次中，達到太多模糊的理想，因此很難設計
  出一套一貫、有效的政治宣傳。如果執政當局能夠確實重
  新檢驗中華民國長、中、短程的政治目標，體認政治宣傳
  實際的限制與功能，例如單靠政治宣傳不可能扭轉國際情
  勢，但在另一方面，善用政治宣傳卻有增強非官方外交的
  作用，因而投注更多資源在能夠產生效力的短、中程目標
  上，或許將能發揮更大的外交效能並達成更高的宣傳成果。

或許有人會說，外交是國家力量的大腦，正如國家士氣是它的靈魂。……在歷史上，缺乏大腦或靈魂的巨人（Goliath），經常受到兩者兼備的大衛所擊潰。

——漢斯・莫根梭[1]

本書的主要目的，在研究被迫和其他國家發展非正式外交關係的政府，必須如何從事政治宣傳。我們必須瞭解，「外交」和「政治宣傳」或許是不同產物，但它們之間的互動已比往昔更加密切。本書首先提供了一些廣泛性的觀察，然後試圖根據此一架構，對中華民國的非正式外交與政宣努力做出有意義的評估。

政治宣傳的威力及成敗很難量化，心理學家雖已證實了順從主義、權威訴求與「洗牌作弊」（card stacking）等政宣方法的價值及效果[2]，但即使是最細心的政治宣傳家，又怎能確認受眾態度或行為的改變，果然是對其工作的反應，抑或是基於其他變數的影響？我們能說冷戰是政治宣傳打贏的嗎？或者政治宣傳僅為因素之一？又或者政治宣傳根本不關痛癢呢？

問題是，衡量的方法，來自於環境中兩個迥異且彼此競爭的元素，因為任何一個國外政府在態度或行為上的改變，都暗示著政治宣傳家工作的成敗；但在另一方面，受眾——

無論政府或大眾輿論——都會否認他們受到政治宣傳說服技巧的影響。這當然非常令人頭疼。做為一個自由思考的獨立個體，我們都不願接受菲利普·泰勒認為「人人都是政治宣傳之受害者」的說法[3]，因此我們集中心力於揭發、反抗以各種面目掩飾的政治宣傳。「政治宣傳」往往被誤以為與「操縱」有關，而我們自然對任何型式的操縱都心存疑懼，因為它暗示著一種超出於我們所控制、秘密運作的力量。但這也正凸顯了我們的容易受欺，正如泰勒所說的，政治宣傳彷彿被視為一種「疾病，將會侵害我們個人和集體對發生在我們世界周遭之事做決定的能力」。[4]

首先我們必須瞭解，政治宣傳其實只是一種推銷的行為，不具備道德上的判斷。中華民國所從事的政治宣傳經常極富創新的風格、實質的內涵與傳遞的方法，但無論外交官或新聞局，卻都一再否認他們進行任何政治宣傳，以冷戰時期的心態，認為政治宣傳是只有北京的共產政權才會採取的行動，這樣的看法只會反覆加深大眾視政治宣傳為邪惡的偏見，從而造成大眾對所有型式的政治宣傳一律「關機」，而這其中自也將包括他們本身所發出的政治宣傳在內。

非正式外交和政治宣傳間的關係，可以由短程和長程兩個方面來檢驗，受到可用資源、任一特定時期的外交目標，以及政治宣傳組織的彈性所限制。被迫必須從事非正式外交

的政府，通常也和另外的力量進行著政治上的競爭，彼此挑戰、尋求國際社會的承認與正統性。本書採用的是中華民國（「挑戰者」）與中華人民共和國（「權威」）之間的競爭[5]，做為幫助我們瞭解此一過程的研究個案。此一競爭具有不平等的性格，包括接近使用第三國政府機構及媒體的機會不均，同時大眾、政府及媒體對兩者的興趣程度也有差異。此外，其他具有類似本質的競爭實例中——如巴勒斯坦解放組織（Palestine Liberation organization，挑戰者）與以色列（權威）——也往往顯示了雙方能夠投注於競爭上的資源並不均等，不過就本書所採用的個案來說，由中華民國的角度觀之，資源上的不平等並不構成問題，因為中華民國事實上享有比中華人民共和國更充足的資源，問題在於如何運用、組織這些資源，以便發揮最大的影響力。因此組構一個適用、有效率的政治宣傳組織非常重要，它必須和其他政府機構有清楚的分工，但絕不能在與其他部門隔離的狀態下工作，尤其是負責對外事務的部門。正如本書第三章所指出的，中華民國的政治宣傳結構，雖然不至於像麥克里爾·貝特所認為的那麼不良，但基本上卻有分工過於混淆的問題，太多政府機構的責任彼此重疊，而政治宣傳若要對外交發揮正面的貢獻——無論對象是他國政府、海外華僑或中國大陸——都應由單一機構統籌負責為宜（新聞局似乎是很自然的選擇），當然這

個機構可以在必要時借重其他部門的專長（如經濟部、陸委
會等）；同樣的，中華民國用來達到國際受眾的各種媒體，
其管理架構也是令人眼花撩亂（見第四章），若能有更簡
明、確實的規劃，政治宣傳的威力應會更大。

　　統籌性的結構將能確保政策與政治宣傳間的協調與一致
性，因此政治宣傳家應被納入決策的最高階層。新聞局長是
中華民國內閣的一員，處於符合此一條件的有利地位。此一
結構必須富有彈性，使各地實際執行任務的專業政治宣傳
家，能夠發揮創造力與調適力，因爲他們才能瞭解，對某一
特殊環境的特殊受眾而言，何種主題及方法最是有效。當
然，無論任何時候，他們都不應脫離台北所決定的政宣及外
交目標。

　　外交官和新聞局駐外官員都有接受媒體訓練的必要。中
華民國顯然瞭解與媒體培養良好關係的重要性，經常邀請國
外記者到中華民國訪問，甚至爲他們安排訓練工作室等，但
卻忽略了爲自己的人員提供相同的課程。在現代的媒體環境
下，身爲駐外代表而不知如何與國際媒體互動，簡直是不可
思議的事，而對中華民國而言，在關鍵性時刻，這更可能會
造成有如生死之間的差別！因爲有時候媒體是他們唯一的表
達管道，是他們賴以提高中華民國知名度、吸引大眾注意力
的唯一方法。有論者指出，中華民國申請重返聯合國的辯

論，在一九九八年九月的聯合國內之所以窒礙難行，便是出於國際媒體缺乏興趣所致[6]，因爲媒體一面倒地相信，此事的結果「早有定論」，導致聯合國的外交官咸認，爲此事辯論毫無意義！但如果中華民國駐外官員可以企圖扭轉媒體觀點或切入角度的話，或許這個議題便不至於在聯合國內外都是一片死寂了。

　　一部分的問題，來自於中華民國外交官及新聞局駐外代表的心態，當談到以政治宣傳加強非正式外交效果的議題時，他們都太快就接受了失敗主義的論調。外交官很容易指出，因爲國際社會拒絕承認他們的合法地位，他們只有很少數的替代方案，以及很小的彈性及行動空間；換句話說，國際社會必須爲中華民國外交官和新聞局駐外代表的工作績效負責。我們當然不能否認，缺乏外交承認確使外交官的工作困難重重，而且在如此艱困的環境裡，中華民國的駐外官員其實已有著相當令人敬佩的表現，但如果一味以目前的成就及工作模式自滿，並消極地以缺乏邦交做爲一切藉口，則危機將沒有成爲轉機的可能，中華民國的外交處境恐怕也將沒有任何突破的契機了！試想，中華民國的經濟和文化外交成就可觀，和各國菁英的私人接觸也往往非常有效，可見在國際處境的限制之下，仍有發揮的空間，端視政治宣傳家的創意和努力。

　　不過，全然仰賴經濟或「美元外交」也有缺陷，其中最大的問題在於誠意。當受惠國有可能在台北及北京的競爭之下受益時，為什麼他們不能「玩遊戲」呢？單純只靠經濟，並不能保證政治的忠誠度，反而使受惠國占了上風，在兩個互相競爭的敵手間哄抬身價，因此台灣內部已出現日益增強的音量，質疑台北向許多國家提供數百萬美元援助計畫的合理性，尤其已有不少政府明言拒絕支持中華民國重返聯合國，而且隨時準備倒向北京，只要對方願意付出更高的價碼。可見此一外交手法已有重新評估的必要。[7]

　　近來有人對中華民國遊說團在華盛頓的傑出成就做了觀察。遊說團的目的旨在影響國會兩大政黨成員的態度，不僅促成了美國國會通過台灣立法，也說服了白宮同意讓李登輝訪問美國。[8]不過值得一提的是，隨著中華人民共和國在近年間開始提高對美國候選人的投資，以便「趕上」台灣的遊說活動，這種彼此拉抬的競爭，可能也將逐漸減弱台灣遊說團在美國的勢力。根據美國司法部（Department of Justice）的紀錄，中華民國與民間利益團體在一九九五年間，至少投資了七百二十萬美元於遊說活動上，但北京的投資僅達四百七十萬美元。[9]然而，唯有當共和黨（Republican Party）在國會贏得多數席，也就是當美國國內的政治風向轉變時，允許李登輝訪美的力量才終於獲勝；易言之，唯有當地各種特別的

條件就位之際，政治宣傳及公共關係才能一舉奏效。也就是說，地主國的利益必須恰好和政治宣傳國的利益方向一致；如果政治宣傳和地主國的政治利益背道而馳，此一努力是註定要失敗的。從艾德溫‧馬丁（Edwin Martin）一九八六年的著作中，即可找到很好的例子：「只有當中華人民共和國介入韓國，並拒絕接受聯合國的停火協議時，美國才在實際上變得支持福爾摩莎，主要是因爲他和北京處於戰爭狀態，而不是基於支持國民黨的感情。」[10]過去五十年來，大西洋兩岸對待「中國問題」的政策與外交，都是受到他們本身對北京的政治與外交目標而決定，因此一味哄抬「親中華民國」的政治宣傳效力非常有限；唯有當政治宣傳的設計能夠符合其他國家的政治目標時（如民主、自由、人權、經濟等），政治宣傳才會產生正面的作用。

　　證據顯示，爲中華民國／台灣利益工作的非官方組織，例如以華盛頓爲基地的「福爾摩莎公共事務協會」（簡稱FAPA），工作成果往往遠比政府贊助的政治宣傳單位更豐碩。此一協會的成員和美國國會議員建立親蜜的關係，近年來的跡象更顯現，他們在政治過程經常發揮正面的影響力：直到一九九五年十月之前，台裔美國人在他們美國護照的「出生地」一欄中，都必須填寫「中國」，但FAPA的邁阿密（Miami）分部主任透過其國會議員，終於在「國務院授權法」

（State Department Authorization Bill）加註了一項條文，允許台裔人士稱「台灣（但非中華民國）」為出生地，獲得通過。[11]此外，「台灣關係法案」的效力獲得重申，以及台灣申請進入世界健康組織（簡稱為WHO），FAPA的遊說也均功不可沒：克里夫蘭（Cleveland）分部主任詢問其國會議員布朗（Sherrod Brown），看他能否為台灣被排斥於WHO門外一事盡力，於是布朗在眾議院（House of Representatives）發言，提案表示台灣有在WHO中受到代表的權利。FAPA鼓勵會員寫信給他們的國會議員，請他們支持此一方案，不僅寇恩‧布勞（Coen Blaauw）在《華盛頓郵報》上發表了一篇由布朗署名的投書，同時美國國會的工作人員也經常獲得來自FAPA的簡報，指出此一會員資格的必要性。[12]

　　這類非官方組織比官方機構擁有以下幾個優勢：第一、他們不受嚴格政治目標的束縛或政府的限制，不但使他們獲得較大的彈性，也沒有政府部門分工不清及責任混淆的困擾；第二、他們追求的目標通常比較小而明確；第三、他們的員工通常是對工作持有熱忱，因此願意為之全力投入的個人，而非只是等待輪調的公務人員；第四、非官方組織通常對他們所操作的地方文化有很深的融入，因此對受眾較為瞭解，對於何種主題或何種形象能否成功較為敏銳，比較清楚政治制度及媒體如何運作，也知道他們可以透過誰來傳達意

見。換句話說，他們是比較好的推銷員，比專業的駐外政治宣傳家更懂得當地文化，因此能夠試圖「改變大眾意見，以便使政府的政策不必改變」，因為當與國內輿論同步時，他們的工作最能得心應手。[13]

不少歷史學家及政治學者，都曾採取相當精密的量化手法，記錄美國和英國對中國及台灣政策改變的公眾與新聞界輿論。[14]大多數的政治宣傳在本質上都是長程性的，因為必須向已經存在，或至少是潛伏的態度及意見做訴求，所以我們不應過於誇大政治宣傳立即性的力量，同時我們也必須瞭解，政治宣傳的目標越小、越明確，成功的機率也越大。

或許中華民國政治宣傳所面臨的一個根本問題，是他企圖在太多重的時間層次中，達到太多模糊的理想，因此很難設計出一套一貫、有效的政治宣傳。當然，在另一方面，也唯有當國際情勢及環境本身有了改變之後，這所有的政治和外交目標才能真的 一實現，而要控制此一改變的腳步快慢或程度大小，則遠非任何政治宣傳組織所能迄及的目標。因此中華民國執政當局有必要重新檢驗其長、中、短程的政治目標，體認政治宣傳實際的限制與功能，從而投注更多資源在能夠產生效力的目標上，如此才能發揮更大的外交效能與宣傳效果。

註釋

1. Morgenthau (1978), p. 141.

2. J. A. C. Brown, *Techniques of Persuasion: from Propaganda to Brainwashing* (Harmondsworth: Penguin, 1963).

3. Taylor (1996), p. 2.

4. 同上，頁1。

5. 「挑戰者」與「權威」的稱法借用於Wolfsfeld (1997)。

6. Chris Van Minh, 'ROC bid for voice in UN undeterred by slow going', *FCJ*, 25 September 1998.

7. 'Bid to rejoin United Nations falls short', *FCJ*, 26 September 1997.

8. Robinson (1996), pp. 1342-5.

9. 'China plays catch-up to Taiwan on lobbying front',參見 <www.Free Repubilc.com>。

10. Martin (1986), pp.155-6 and p. 236.

11. 感謝FAPA發言人Coen Blaauw提供資料。

12. 與Coen Blaauw通信，September 1998。

13. Gilboa (1998), p. 61.

14. Leonard Kusnitz (1984); T. Christopher Jesperson (1996); Brian Porter (1967); Zhong-ping Feng (1994).

卷後語

■ Taipei

Taiwan

　　政治轉眼就成了歷史，其速度之快，往往令人悚然心驚。一九九一年，當蘇聯集團在沒有任何警訊之下瞬間崩潰時，成千上百預測蘇聯政權未來的書籍，一夜之間就過時了，使還沒出版的新書彈指之間變成了舊書！

　　本書英文版仍在付印的期間，部分內容也面臨了類似的問題，例如，第四章在討論《自由中國紀事報》與《英文自由中國評論月刊》的過程中，提及了「自由中國」字眼的冷戰基調，但就在本書英文版正式問世之前，兩份刊物的名稱都改了，前者更名爲《台北紀事報》，後者則稱爲《英文台北評論月刊》。就研究政治宣傳的角度而言，新舊名稱一樣重要，但新的刊名較爲符合台灣在二十一世紀的政宣需求。當「台灣」跟「中華民國」在國際上不能被接受時（通常都是因爲中華人民共和國的關係），「中華台北」或「中國台北」即成爲替代性的選擇方案，因此這兩份「半官方」刊物的名稱變更，由不同的角度，也提供了許多解讀國際趨勢、兩岸發展的解讀線索。[1]

　　當我重新翻閱頭幾期的《台北紀事報》和《英文台北評論月刊》時，雖然內容都是過去一、兩年間所發生的事，但感覺上卻竟是那麼遙不可及！例如，兩千年總統大選的熱鬧滾滾、宋楚瑜的興票案，以及對陳水扁搭檔人選的猜測等；當時李登輝仍是國民黨的超級助選員，表示全力挺連；台灣

的經濟實力也仍顯得非常雄厚，和新加坡、香港等少數國家和地區，共同以一枝獨秀的姿態，度過了九〇年代末期的亞洲金融風暴。當時誰能預料大選結果揭曉時，連戰會一敗塗地？李登輝竟會在二〇〇一年被國民黨開除黨籍？台灣又會面臨嚴重的經濟不景氣？正因為政治情勢詭譎萬狀，所以政治學者不做預測（predict），只做預告（forecast）。就像天氣預報一樣，當我們追逐時事、企圖加以揣測時，我們經常犯錯；但如果我們將眼光放遠，分析大勢所趨，則過去未來便都有來龍去脈可循。

陳水扁在兩千年總統大選的獲勝，是台灣對外政治宣傳蛻變的重要里程碑。在本書的前幾章，我曾解釋為什麼戒嚴法的解除，對台灣的國際形象是極重要的正面發展，使台灣終於能在實際上符合「自由」中國的口號。今天，一位前任政治犯能夠當上中華民國的民選總統，國民黨的政權能夠和平轉移到一個十多年前仍被視為非法的反對黨手中，在在顯示了台灣民主化的腳步之大，而當台灣邁向了整合民主的國度之後，國際社會便再也不能漠視他的存在了！不過北京對選舉結果的反應倒是出奇地冷淡，與他在選前一再發出各種警告的動作形成對比。二〇〇〇年一月，中共領導人發表了一份白皮書，揚言台灣若敢宣布獨立或無限期延後統一的可能性，便將發動武力攻擊，國民黨利用這些威脅來包裝競選

文宣，暗示如果陳水扁當選的話，台灣的年輕人很快便得上戰場和人民解放軍廝殺，只有國民黨執政才能避免這種恐怖的夢魘。

所以陳水扁的當選，儘管是以低於百分之五十的票數險勝，仍顯示了台灣政治版圖及選民心態的大幅轉變：反台灣的政治宣傳，以及台灣內部政黨所設計的黑色政宣，都已經不再能夠發揮效力；台灣現在更關心的是自己的形象，也瞭解到只有全然鞏固的民主，才能爲寶島安全帶來最大的保障，避免受到中共的侵犯。因此自從第二次大選之後，雖然基於全球政治、經濟環境的惡化及其他因素，島上面臨了一波又一波的嚴厲挑戰，我總一再呼籲台灣不要氣餒：當陳總統因唐飛的「健康問題」而不得不撤換行政院長時，不必絕望；當行政院和立法院爲了核四問題爭執不休時，不必絕望；當李登輝表明爲台聯黨站台，開始和連戰大打口水仗，使政壇顯得風波不息時，同樣不必絕望。當民主的每一步都走得如此倍極艱辛，而未來的道路也似乎顯得特別漫長時，各種樂觀的預言聽來特別像是無關痛癢的耳邊風，但冷靜的事實卻不會改變：這一切的掙扎，畢竟都是對台灣民主進程有利的發展。

新聞局在對外呈現這些發展時，通常都只是單刀直入，未曾試圖做任何包裝，難以使國外受衆體認到台灣民主化的

不平凡，甚至可能導致讀者的誤解，以爲台灣的民主化只是一場鬧劇！這在英、美民眾開始因本國政治太受「扭轉博士」主導而抱怨的今天，可以說是一個令人啼笑皆非的對比。與其把焦點簡單放在平面的「台灣面臨初期的政治危機」，政治宣傳家應該更進一步指出：看！這便是一個民主體制開始一步步瞭解到民主眞義的過程。這個過程是痛苦的，但台灣是一個非常年輕的民主政體，仍有太多的地方需要學習，而這些民主發展所帶來的陣痛，即展現了台灣學習的意願和能力。事實上，島上爲了各種議題而引發的爭鋒相對的辯論本身，便是民主活力的表徵，政治宣傳家所能用來推銷台灣的

■ 本書作、譯者與田弘茂博士合影
（李朝成先生／攝影）

資源，簡直沒有比寶島目前的經歷更正面、更吸引人的材料
了！

　　新政府聘任田弘茂爲政權交接後的第一任外交部長，可
謂明智之舉，田博士的學術背景，使他充分認識到台灣必須
呈現出一個能被國際社會接受的形象，摒棄國民黨時代的所
有冷戰語彙，集中心力透過外交管道，爭取國際社會對台灣
兩岸政策的支持及瞭解。他所提倡的人權外交、民主外交，
以及對話、交流和善意，顯示他明白台灣有必要整合一切可
用的資源，包括政治、外交、經濟、學術、文化、政治宣傳
等，而這也正是陳水扁政府到目前爲止最大的貢獻──明顯
體認到台灣必須儘可能精簡、整合外交政策圈的層面，以最
有效率的方式追求並提昇寶島的利益。[2]從陳水扁上任的第一
天起，陳總統即展現了他對外交與政治宣傳的用心，他的就
職演說很顯然是同時以台灣、北京及華府爲聽衆，一方面避
免予人媚外求和的印象，一方面充滿了修好、調解的意味，
稱得上是一項重大成就。他在演說中向北京伸出友誼之手，
「但也強調，台灣海峽兩岸雙方的道路已有多麼不同！他
說：『冷戰已經結束，讓我們揚棄舊時的敵意吧！』」[3]

　　很遺憾的是，這樣的訊息尚未達到每個人，英國對台灣
仍可說相當無知，在電視廣告及情境喜劇裡，仍在有意無意
間把台灣塑造成三、四十年前「海盜王國」的過時形象。二

○○一年暑假期間，BBC廣受歡迎的兒童電視新聞裡，倒也再次出現過有關台灣的短暫消息，但只是報導了另一個颱風席捲寶島的新聞而已。「九一一事件」爆發之後，美國及其盟友對阿富汗（Afghanistan）的塔利班政權（Taliban）正式開戰，使媒體上充斥著「對抗恐怖主義之戰」的各類節目，於是從二○○一年九月十一日的恐怖攻擊行動發生後，短短數周之間，我們所知道有關阿富汗的事，比五十多年來各種對台灣的報導加起來更多出數倍！當我還在撰寫本書英文原稿的時候，曾提及台灣的外交官和政治宣傳家，尚不太懂得如何在興趣缺缺的媒體環境下運作，但我希望在台灣終於加入了世界貿易組織（World Trade Organization，簡稱WTO）的此刻，駐外代表們已能開始學習採用更積極的公眾外交風格，經常定期與國外媒體聯絡、周旋，提高台灣的可見度，一點一滴增加國外民眾對台灣的認識。

　　放寬大陸媒體記者訪台的規定，也是一個很正面的進展，新聞局表示：「我們希望大陸記者能對台灣的現況有較多接觸及較深的瞭解，使他們能提供大陸民眾有關寶島更深入的觀察。」[4] 然而基於嚴格的操作守則及移民法，大陸記者來到台灣之後，仍不能享有完全的行動與採訪自由。即使如此，放寬法規的這項動作本身，對國際社會與北京所散發出的，便都是相當正面的訊息，同時這樣一來，大陸讀者獲

得有關台灣生活較客觀、精確報導的機會，雖然並不能保證一定提高，但提高的機率總是比從前大多了。

那麼網際網路的使用又如何呢？自從本書英文版在兩千年初問世之後，網路大戰（cyber war）已在海峽兩岸的駭客（hackers）之間爆發，因為網際網路是散布政治宣傳的利器，它可以鎖定特定的受眾，可以利用最新的電腦科技操縱影像及聲音，可以隱匿真正的訊號來源，而且只需要很少的資金和時間就可以進行操作。

資訊戰爭（information warfare）對外交運作所帶來的衝擊，雖然影響鉅大，卻因為科技太新、進步太快，仍是目前最少受到分析的領域之一。跟傳統的武器不同，資訊戰爭並不受到地理或政治的束縛，任何國家、民族，只要有網際網路跟電腦的存在，就有可能發出或受到攻擊，即使當具有威脅潛力的訊息因被偵測而受到消滅或預防時，發出訊息的訊號源卻仍很難受到指認，甚至有可能偽裝成其他的訊號源，從而製造誤解。當一個受到資訊攻擊的政府決定做出公開回應之前，一定要先確認罪魁禍首，但即使如此，仍舊很難證明這項行動是受到某個政府的贊助或指使，而非某位愛國分子在世上某個角落自動自發的決定，於是由此而引發的問題是：一個國家的外交系統應如何因應？在現存國際關係的大架構下，一個受到資訊攻擊的政府有何求援之道？在無法追

認眞正訊號源及罪魁禍首的情況下，發動反擊式的資訊戰爭，是否已成爲受攻擊政府最好的選擇，尤其當虛言嚇阻根本不可能發生作用時？[5]

這些問題對海峽兩岸的外交政策將具有深遠的影響，有可能因誤解或錯誤估計，加深台灣、北京、華府間的敵意及緊張關係。台灣政府如何確認親中國的駭客族入侵網路系統所留下的愛國訊息，眞的是來自中國內部，或者是受到中國政府授意呢？中華民國選擇反擊，進入中國國稅局和鐵路部的電腦系統，利用簡體中文發出警告，揚言將入侵所有電腦；此外，過去數種摧毀中國電腦系統的病毒，台灣也都被指控爲幕後主使者，例如「一九九〇血腥六四病毒」（1990 Bloody 6／4 virus，抗議天安門的鎮壓），以及在大陸上損壞了三十六萬部電腦的「一九九八乞諾布病毒」（1998 Chernobyl virus）等。[6] 又，對和中華民國缺乏正式關係的國家來說，他們應如何透過「非官方」的駐華辦事處，協調電腦系統被侵犯的問題？事實上，已有許多「第三者」都被捲入了海峽兩岸的資訊戰之中，例如一九九九年，駭客以四萬五千封電子郵件的轟炸，當掉了美國在台協會的電腦主機系統，但華府或台北能夠向北京質詢此事嗎？這顯然是新的外交課題，迫切需要學者及各國政府及早正視，研究對策。資訊戰爭爲中華民國的非官方外交及政治宣傳都帶來了新的挑

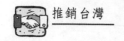

戰，將成爲二十一世紀最熱門的話題，中華民國的外交官及
政治宣傳家們，是否已爲這項考驗做好準備了呢？

註釋

1. 因爲許多讀者越來越重視發展台灣認同，各種在台灣發行的公、私刊物也掀起了一股更名的風潮，例如，英文報紙*China News*，便在二〇〇〇年一月七日更名爲*Taiwan News*。

2. 作、譯者與田弘茂博士訪談，二〇〇二年六月於倫敦。

3. 摘錄自Jonathan Mirsky, 'On Taiwan, Robust Democracy is a Major US Achievement', *International Herald Tribune*, May 2000.

4. 'Mainland journalists given a wider door', *Taipei Journal*, 17 November 2000。但對此一條件的放寬，台灣內部也有許多反對的聲浪，請參見Paul Lin, 'Keep an eye on Chinese reporters', *Taipei Times*, 16 December 2000。

5. Richard J. Harknett, 'Information Warfare and Deterrence', *Parameters*, Autumn 1996, pp. 93-107.

6. Damon Bristow, 'China and Taiwan: Information Warfare', 〈http://www.global-defence.com/pages/china.html.〉。

參考書目

Alexander, Garth (1973). *Silent Invasion: The Chinese in Southeast Asia,* Macdonald, London.

Ambrose, Stephen E. (1988). *Rise to Globalism: American Foreign Policy Since 1938,* 5th edn., Penguin, Harmondsworth.

Ambrose, Stephen E. (1990). *Eisenhower: Soldier and President,* Simon & Schuster, New York.

Asian People's Anti-Communist League (1960). *A Decade of Chinese Communist Tyranny,* Asian People's Anti-Communist League, Taipei.

Bachrack, Stanley D. (1976). *The Committee of One Million: 'China Lobby' Politics 1953-1971,* Columbia University Press, New York.

Barnett, A. Doak (1977). *China and the Major Powers in East Asia,* Brookings Institution, Washington DC.

Bate, H. Maclear (1952). *Report from Formosa,* Eyre & Spottiswoode, London.

BBC Summary of World Broadcasts (SWB), FE/2572 F/6,

January - April 1996.

Becker, Jasper (1997). *Hungary Ghosts: China's Secret Famine,* John Murray, London.

Bellows, Thomas J. (July 1976). 'Taiwan's Foreign Policy in the 1970s', *Asian Survey* 21 (7).

Bennett, Stephen Earl; Flickenger, Richard S.; Baker, John R.; Rhine, Staci L.; and Bennett, Linda L. M. (Spring 1996). 'Citizens' Knowledge of Foreign Affairs', *Harvard International Journal of Press/Politics* 1 (2).

Benton, Gregor and Pieke, Frank N. (eds.) (1998). *The Chinese in Europe,* Macmillan, London.

Berridge, G. R. (1994). *Talking to the Enemy,* Macmillan, London.

Berridge, G. R. (October 1996). *Amarna Diplomacy,* Discussion Papers in Diplomacy no.22, University of Leicester, Leicester.

Boardman, Robert (ed.) (1973). *The Management of Britain's External Relations,* Macmillan, London.

Briggs, Asa (1961). *The History of Broadcasting in the United Kingdom vol.1: the Birth of Broadcasting,* Oxford University Press, Oxford.

Briggs, Asa (1979). *Sound and Vision,* Oxford University Press, Oxford.

Brown, J. A. C. (1963). *Techniques of Persuasion: from Propaganda to Brainwashing,* Penguin, Harmondsworth.

Browne, Donald R. (1982). *International Radio Broadcasting: the Limits of the Limitless Medium*, Praeger, New York.

Cabestan, Jean-Pierre (1996). 'Taiwan's Mainland Policy: Normalization, Yes: Reunification, Later', *China Quarterly* 148.

Chang, David W. and Tai, Hung-chao (October 1996). 'The Informal Diplomacy of the Republic of China, with a Case Study of ROC's Relations with Singapore', *American Journal of Chinese Studies* 3 (2): 148-76.

Chang, King-yuh (June 1981). 'Partnership in Transition: a Review of Recent Taipei-Washington Relations', *Asian Survey* 21 (6).

Chen, Tun-jen; Huang, Chi; and Wu, Samuel S. G. (eds.) (1995). *Inherited Rivalry: Conflict Across the Taiwan Straits*, Lynne Rienner, London.

Ching, Frank (1979). 'Taiwan: the Prosperous Pariah', *Foreign Policy,* 36 (Fall): 122-46.

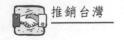

Chiou, C. L. (1995). *Democratizing Oriental Despotism,* Macmillan, London.

Chiu, Hungdah (1993). *The Koo-Wang Talks and the Prospect of Building Constructive and Stable Relations Across the Taiwan Straits,* University of Maryland Law School, Baltimore.

Clark, Eric (1973). *Corps Diplomatique,* Allen Lane, London.

Cline, Ray (1976). *Secrets, Spies and Scholars: Blueprint of the Essential CIA,* Acropolis Books, Washington DC.

Cline, Ray (1989). *Chiang Ching-kuo Remembered,* United States Global Strategy Council, Washington DC.

Clough, Ralph N. (1993). *Reaching Across the Taiwan Strait: People-to-People Diplomacy,* Westview Press, Boulder, Colo.

Cohen, Jerome A. (ed.) (1972). *China's Practice of International Law,* Harvard University Press, Cambridge, Mass.

Cohen, Jerome Alan; Friedman, Edward; Hinton, C. Harold; and Whiting, Allan S. (eds) (1971). *Taiwan and American Policy,* Praeger, New York.

Cohen, Raymond (July 1996). 'On Diplomacy in the Near East: the Amarna Letters', *Diplomacy and Statecraft* 7.

Cohen, Warren I. (1978). 'Ambassador Philip D. Sprouse on the Question of Recognition of the People's Republic of China in 1949 and 1950', *Diplomatic History* 2 (2): 213-17.

Cohen, Warren I. (1980). 'Acheson, His Advisers, and China, 1949-1950', in Dorothy Borg and Waldo Heinrichs (eds), *Uncertain Years: Chinese-American Relations, 1947-1950,* Columbia University Press, New York.

Copper, John F. (1992). *China Diplomacy: the Washington-Taipei-Beijing Triangle,* Westview Press, Boulder, Colo.

Copper, John F. (1996). *Taiwan: Nation-State or Province?* Westview, Boulder, Colo.

Copper, John F. (1997). *The Taiwan Political Miracle,* University Press of America, Lanham, MD.

Corr, Gerald H. (1974). *The Chinese Red Army,* Purnell, London.

Crawford, Neta C. (Spring 1996). 'Imag(in)ing Africa', *Harvard International Journal of Press/Politics* 1 (2).

Department of Foreign Affairs and Trade, Canberra (1951). *Current Notes on International Affairs,* vol.22 (7): 375.

Deutscher, Isaac (1970). *Russia, China and the West, 1953-1966,* Penguin, Harmondsworth.

Diamond, Larry (ed.) (1994). *Political Culture and Democracy in*

Developing Countries, Lynne Rienner, London.

Dickson, Bruce J. (1997). *Democratization in China and Taiwan,* Clarendon Press, Oxford.

Dobbs-Higginson, M. S. (1994). *Asia-Pacific: Its Role in the New World Disorder,* Longman, London.

Feng, Zhong-ping (1994). *The British Government's China Policy, 1945-1950,* Ryburn Publishing, Keele.

Ferdinand, Peter (ed.) (1996). *Take-off for Taiwan?* RIIA, London.

Foot, Rosemary (1995). *The Practice of Power: US Relations with China Since 1949,* Clarendon Press, Oxford.

Foreign Relations of the United States (FRUS). 1949-60 VII-XIX, Department of State, Washington DC, 1996.

Free China Journal (FCJ). July 1984 - November 1998.

Free China Review (FCR). February 1996 - July 1998.

Free China Weekly (FCW). January 1965 - January 1975.

Gaddis, John Lewis (1997). *We Now Know: Rethinking the Cold War,* Oxford University Press, Oxford.

Gilboa, Eytan (1998). 'Media Diplomacy: Conceptual Divergences and Applications', *Harvard International Journal of Press/Politics* 3 (3): 56-75.

Geldenhuys, Deon (1990). *Isolated States: A Comparative Analysis,* Cambridge University Press, Cambridge.

Godson, Roy (1995). *Dirty Tricks or Trump Cards: US Covert Action and Counter Intelligence,* Brassey's, London.

Gold, Thomas B. (1986). *State and Society in the Taiwan Miracle,* M. E. Sharpe, New York.

Gold, Thomas B. (1993). 'Go with Your Feelings: Hong Kong and Taiwan Popular Culture in Greater China', *China Quarterly* 136.

Gold, Thomas B. (1996). *Consolidating Taiwan's Democracy,* The Illinois-Taiwan Seminar Series no.1, Center for East Asian and Pacific Studies, University of Illinois at Urbana-Champaign.

Government Information Office (ROC) (1953-59). *The China Handbook,* GIO, Taipei.

Government Information Office (ROC) (1965-1978). *China Yearbook,* GIO, Taipei.

Government Information Office (ROC) (1993-1997). *Republic of China Yearbook,* GIO, Taipei.

Hamilton, Keith and Langhorne, Richard (1995). *The Practice of Diplomacy: Its Evolution, Theory and Administration,*

Routledge, London.

Harding, Harry (1992). *A Fragile Relationship: the United States and China Since 1972,* Brookings Institution, Washington DC.

Harrell, Steven and Huang, Chun-chieh (eds.) (1994). *Cultural Change in Postwar Taiwan,* Westview Press, Boulder, Colo.

Healy, Tim and Eyton, Laurence (December 1996). 'Perils of Money Diplomacy', *Asiaweek.*

Henckaerts, Jean-Marie (ed.) (1996). *The International Status of Taiwan in the New World Order: Legal and Political Considerations,* Kluwer Law International, London.

Henderson, Nicholas (1994). *Mandarin: The Diaries of an Ambassador,* 1969-1982, Weidenfield & Nicolson, London.

Hinton, William (1997). *Fanshen: A Documentary of Revolution in a Chinese Village,* 2nd edn., University of California Press, Berkeley.

Hoadley, Steve (1993). *New Zealand and Taiwan: the Policy and Practice of Quasi-Diplomacy,* Occasional Paper 7, New Zealand Institute of International Affairs, Wellington.

Holsti, K. J. (1988). *International Politics: A Framework for Analysis,* 5th edn., Prentice Hall, Englewood Cliffs, NJ.

Hood, Steve J. (1997). *The Kuomintang and the Democratization of Taiwan,* Westview, Boulder, Colo.

Hsiung, James C. and Chai, Winberg (eds) (1981). *Asia and US Foreign Policy,* Praeger, New York.

Hsiung, James C. et. al. (1981). *The Taiwan Experience 1950-1980,* Praeger, New York.

Hu, Jason C. (ed.) (1995). *Quiet Revolutions on Taiwan, Republic of China,* Kwang Hwa Publishing, Taipei.

Isaacson, Walter (1992). *Kissinger: A Biography,* Faber & Faber, London.

Jackall, Robert (ed.) (1995). *Propaganda,* Macmillan, London.

Jenner, W. J. F. (1992). *The Tyranny of History: the Roots of China's Crisis,* Penguin, London.

Jesperson, T. Christopher (1996). *American Images of China, 1931-1949,* Stanford University Press, Stanford.

Kalb, Marvin and Kalb, Bernard (1974). *Kissinger,* Little, Brown, Boston.

Kemenade, Willem van (1997). *China, Hong Kong, Taiwan, Inc.,* Little Brown, London.

Kenez, Peter (1961). *The Birth of the Propaganda State: Soviet Methods of Mass Mobilisation, 1917-1929,* Oxford

University Press, Oxford.

Kerr, George H. (1966). *Formosa Betrayed,* Eyre & Spottiswoode, London

Kissinger, Henry (1994). *Diplomacy,* Simon & Schuster, London.

Klintworth, Gary (1995). *New Taiwan, New China,* Longman, Melbourne.

Kuo, Shirley W. Y. (1983). *The Taiwan Economy in Transition,* Westview Press, Boulder, Colo.

Kusnitz, Leonard A. (1984). *Public Opinion and Foreign Policy: America's China Policy, 1949-1979,* Greenwood Press, Westport, Conn.

Kwang Hwa Publishing (1990). *The Republic of China on Taiwan Today: Views from Abroad,* Kwang Hwa Publishing, Taipei.

Lai, Tse-han; Myers, Ramon H.; and Wei, Wou (1991). *A Tragic Beginning,* Stanford University Press, Stanford.

Levine, Steven I. (1997). 'The United States and China: Managing a Stormy Relationship', *The China Briefing 1995-6,* M. E. Sharpe, New York.

Li, Zhisui (1996). *The Private Life of Chairman Mao,* Arrow, London.

Long, Simon (1991). *Taiwan: China's Last Frontier,* Macmillan,

London.

Maga, Timothy (1998). 'Golf Ball Diplomacy', *Diplomacy and Statecraft* 9 (1): 182-207

Marchetti, Victor and Marks, John D. (1974). *The CIA and the Cult of Intelligence,* Alfred Knopf, New York.

Marks, Thomas A. (1998). *Counterrevolution in China: Wang Sheng and the Kuomintang,* Frank Cass, London.

Marshall, Peter (1997). *Positive Diplomacy,* Macmillan, London.

Martin, Edwin W. (1986). *Divided Counsel: The Anglo-American Response to Communist Victory in China,* University of Kentucky Press, Lexington, Kentucky.

Mayakarn, Patacharin (1998). *Chinese Assimilation in Thailand, 1910-1960,* unpublished MA dissertation, School of Politics, University of Nottingham, Nottingham.

McClintock, Michael (1992). *Instruments of Statecraft,* Pantheon, New York.

McLean, David (1986). 'American Nationalism, the China Myth, and the Truman Doctrine: the Question of Accommodation with Peking', *Diplomatic History* 10 (1): 25-42.

McQuail, Denis (1987). *Mass Communication Theory: An Introduction,* Sage, Beverly Hills, California.

Mengen, Francoise (May 1995). *Taiwan's Non-Official Diplomacy,* Discussion Papers in Diplomacy no.5, University of Leicester, Leicester.

Meyer, Cord (1980). *Facing Reality,* Harper & Row, New York.

Michie, Allan (1963). *Voices Through the Iron Curtain,* Dodd Mead, New York.

Montviller, Joseph V. (1987). 'The Arrow and the Oliver Branch: a Case for Track Two Diplomacy', in *Conflict Resolution: Track Two Diplomacy,* US State Department, Washington DC.

Morgenthau, Hans J. (1954/1972/1978). *Politics Among Nations: the Struggle for Power and Peace,* Alfred A. Knopf, New York.

Myers, R. H. (ed.) (1978). *Two Chinese States: US Foreign Policy and Interests,* Hoover Institution Press, Stanford.

Newman, Robert (1983). 'Clandestine Chinese Nationalist Efforts to Punish their American Detractors', *Diplomatic History* 7 (3): 205-22.

Newsome, David (1988). *Diplomacy and the American Democracy,* Indiana University Press, Bloomington.

Nicolson, Harold (1939). *Diplomacy*, Butterworth, London.

Nobel, Jaap W. (1995). 'Morgenthau's struggle with power: the theory of power politics and the Cold War', *Review of International Studies,* 21 (1): 61-85.

Pan, Lynn (1991). *Sons of the Yellow Emperor,* Mandarin, London.

Pearce, David D. (1995). *Wary Partners: Diplomats and the Media,* Institute for the Study of Diplomacy/Congressional Quarterly Inc, Washington.

Peterson, M. J. (1997b). *Recognition of Governments: Legal Doctrine and State Practice, 1815-1995,* Macmillan, London.

Pieke, Frank N. and Benton, Gregor (1995). *Chinese in the Netherlands,* Leeds East Asia Papers no.27, University of Leeds, Leeds.

Porter, Brian (1967). *Britain and the Rise of Communist China: a Study of British Attitudes,* 1945-1954, Oxford University Press, Oxford.

Randall, V. (ed.) (1998). *Democratization and the Media,* Frank Cass, London.

Rawnsley, Gary (June 1995). *Media Diplomacy: Monitored Broadcasts and Foreign Policy,* Discussion Papers in

Diplomacy no.6, University of Leicester, Leicester.

Rawnsley, Gary (1996). *Radio Diplomacy and Propaganda: the BBC and VOA in International Politics,* Macmillan, London.

Rawnsley, Gary (1998). 'The Importance of Monitored Broadcasts', in Jan Melissen (ed.), *Innovations in Diplomacy,* Macmillan, London.

Rawnsley, Ming-Yeh T. (1997). *Public Service Television in Taiwan,* unpublished PhD Dissertation, University of Leeds, Leeds.

Renwick, Robin (1997). *Unconventional Diplomacy in Southern Africa,* Macmillan, London.

Riggs, Fred W. (1952). *Formosa Under Nationalist Rule,* Macmillan, New York.

Robinson, Thomas W. (1996). 'America in Taiwan's Post Cold-War Foreign Relations', *China Quarterly* 148.

Rose, Richard (1965). *Politics in England,* Faber & Faber, London.

Rowe, David Nelson (1975). *Informal Diplomatic Relations: the Case of Japan and the Republic of China, 1972-1974,* Foreign Area Studies, Hamden, Conn.

Rubenstein, Murray A. (ed.) (1994). *The Other Taiwan: 1945 to the Present,* M. E. Sharpe, New York.

Seagrave, Sterling (1996). *Lords of the Rim,* Corgi, London.

Serfaty, Simon (ed.) (1990). *The Media in Foreign Policy,* Macmillan, London.

Shea, Michael (1996). *To Lie Abroad,* Sinclair-Stevenson, London.

Shen, James C. Y. (1983). *The US and Free China: How the US Sold Out Its Ally,* Acropolis, Washington DC.

Simon, Dennis F. (1980). *Taiwan, Technology Transfer and Transnationalism,* unpublished PhD Dissertation, University of California, California.

Sinclair, John; Jacka, Elizabeth; and Cunningham, Stuart (eds.) (1996). *New Patterns in Global Television,* Oxford University Press, Oxford.

Sreberny-Mohammadi, Annabelle et. al. (eds.) (1997). *Media in Global Context,* Arnold, London.

Stuart, Graham H. (1952). *American Diplomatic and Consular Practice,* 2nd edn., Appleton-Century-Crofts, New York.

Su, Chia-hung and Yu, Peter Kien-hong (October 1998). 'Drafting the Basic Provisions for a Bicoastal Chinese Peace Agreement: a Taiwan Perspective', Paper presented to the

40th Annual Conference of the American Association of Chinese Studies, New York.

Sutter, Robert G. (1988). *Taiwan: Entering the 21ˢᵗ Century*, United Press of America, Lanham.

Swanberg, W. A. (1972). *Luce and his Empire*, Scribners, New York.

Taylor, Philip M. (1992). *War and the Media: Propaganda and Persuasion in the Gulf War*, Manchester University Press, Manchester.

Taylor, Philip M. (1996). *Munitions of the Mind*, Manchester University Press, Manchester.

Taylor, Philip M. (1997). *Global Communications, International Affairs, and the Media Since 1945*, Routledge, London.

Tien, Hung-Mao (1989). *The Great Transition: Political and Social Change in the Republic of China*, SMC, Taipei.

Tothill, David (August 1997). *South African-Australian Diplomatic Relations: the First Two Decades*, Discussion Papers in Diplomacy no.32, University of Leicester, Leicester.

Truman, Harry S. (1956). *Memoirs: Years of Trial and Hope, vol.2*, Doubleday, Garden City.

Tsai, Shih-shan Henry (1986). *The Chinese Experience in America,* Indiana University Press, Bloomington.

Tsang, Steve (ed.) (1993). *In the Shadow of China: Political Developments in Taiwan Since 1949,* Hurst, London.

Tu, Weiming (1996). 'Cultural Identity and the Politics of Recognition in Contemporary Taiwan', *China Quarterly* 148.

Tucker, Nancy Bernkopf (1994). *Taiwan, Hong Kong and the United States, 1945-1922: Uncertain Friendships,* Twayne, New York.

United States Senate, Committee on Foreign Relations (1955). *Report on Mutual Defence Treaty with the Republic of China,* 8 February 1955, Senate, 84th Congress, 1st Session, Executive Report no.2, US Government Printing Office.

Yahuda, Michael (1993). 'The Foreign Relations of Greater China', *China Quarterly* 136.

Yahuda, Michael (1996). 'The International Standing of the Republic of China on Taiwan', *China Quarterly* 148.

Yang, Maysing H. (ed.) (1997). *Taiwan's Expanding Role in the International Arena,* M. E. Sharpe, New York.

Yu, George T. (September 1963). 'Peking versus Taipei in the world arena: Chinese competition in Africa', *Asian Survey 3*

(9).

Wachman, Alan M. (1994). *Taiwan: National Identity and Democratization,* M. E. Sharpe, New York.

Wellington Koo Papers, Columbia University, New York, Box 180.

Welsh, Frank (1994). *A History of Hong Kong,* HarperCollins, London.

Weng, Byron S. J. (September 1984). 'Taiwan's International Status Today', *China Quarterly* 99.

Williams, Francis (1961). *A Prime Minister Remembers: the War and Post-war Memoirs of the Rt. Hon. Earl Attlee,* Heinemann, London.

Wolfe, Robert (1997). *Still Lying Abroad? On the Institution of the Resident Ambassador,* Discussion Papers in Diplomacy no.33, University of Leicester, Leicester.

Wolfsfeld, Gadi (1997). *Media and Political Conflict: News from the Middle East,* Cambridge University Press, Cambridge.

Wolper, Gregg (1993). 'Wilsonian Public Diplomacy: The Committee on Public Information in Spain', *Diplomatic History* 17 (1): 17-33.

Wu, Ellen Dionne (October 1998). 'Chinese American

Transnationalism Aboard the "Love Boat": The Overseas Chinese Youth Language Training and Study Tour to the Republic of China, 1966-1997', Paper presented to the 40th American Association of Chinese Studies, New York.

Wu, Linjin (1994). 'How Far Can the ROC's Informal Diplomacy Go?', *Issues and Studies,* 30 (7): 82-102.

國家圖書館出版品預行編目資料

推銷台灣／任格雷（Gary Rawnsely）著；蔡明
燁譯. -- 初版. -- 臺北市：揚智文化,
2003〔民 92〕
面；　公分. --（NEO 系列；11）
譯自：Taiwan's informal diplomacy and
propaganda
ISBN　957-818-499-9（平裝）

1.外交 – 中國 – 民國 34- 年（1945-）

642.6　　　　　　　　　　　　　92003771

推銷台灣　　　　　　　　　　　NEO系列 11

著　　　者☞ 任格雷（Dr. Gary Rawnsely）
譯　　　者☞ 蔡明燁
出 版 者☞ 揚智文化事業股份有限公司
發 行 人☞ 葉忠賢
總 編 輯☞ 林新倫
執行編輯☞ 吳曉芳
地　　　址☞ 台北市新生南路三段 88 號 5 樓之 6
電　　　話☞（02）23660309
傳　　　真☞（02）23660310
郵政劃撥☞ 19735365　戶名：葉忠賢
登 記 證☞ 局版北市業字第 1117 號
印　　　刷☞ 鼎易印刷事業股份有限公司
法律顧問☞ 北辰著作權事務所　蕭雄淋律師
初版一刷☞ 2003 年 6 月
定　　　價☞ 新台幣 280 元
ＩＳＢＮ ☞ 957-818-499-9
網　　　址☞ http://www.ycrc.com.tw
E-mail ☞book3@ycrc.com.tw